DEUTSCHLAND

Porträt eines faszinierenden Landes

DEUTSCHLAND

IN DER MITTE EUROPAS

Der große Dichter und Zeichner Wilhelm Busch hatte recht, als er sich über alle Fernwehsüchtigen lustig machte. »Schön ist es auch anderswo, hier bin ich ja sowieso«, reimte er – ganz so, als habe ihn dieses Buch zu seinem Vers inspiriert. Denn es ist der beste Beweis dafür, dass es nicht nur in der weiten Welt Wunder zu entdecken gibt, sondern auch in Deutschland. Die folgenden Seiten sind eine Hommage an die überwältigenden Schönheiten zwischen Ostsee und Alpen, Friesland und Fichtelgebirge, Lausitz und Pfälzer Wald, der Berliner Museumsinsel und – hier im Bild – der Hamburger Alster.

Greetsiel ist ein Ortsteil von Krummhörn in Ostfriesland. Auch wenn Ostfriesland viele wunderschöne Ortschaften besitzt, Greetsiel erkennt man auf den ersten Blick an den Zwillingsmühlen.

Auch die Deutschen sind eine Seefahrernation mit stolzen Häfen voller imposanter Schiffe wie Bremerhaven, das die Heimatbasis einer Reederei von Weltrang war: des Norddeutschen Lloyd.

Der Glaube hat die gewaltigsten Paläste geschaffen. Und dort, wo er besonders tief ist, im streng katholischen Rheinland etwa, sind sie besonders beeindruckend – so wie die Marienbasilika in Kevelaer.

Eines der schönsten Erbstücke der Romanik in Deutschland: Im Kloster Maria Laach, im Norden von Rheinland-Pfalz, zeigt sich, wie grandios Schlichtheit und Schönheit harmonieren können.

Banken, Wolkenkratzer, Flugzeuge: Wer glaubt, das sei die ganze Frankfurter Dreifaltigkeit, der täuscht sich. Denn die Stadt am Main bietet ebenso eine reichhaltige Kulturlandschaft.

Keine andere deutsche Stadt ist trotz ihrer langen, ruhmreichen Geschichte kompromissloser der Moderne verpflichtet als Frankfurt. Das sieht man nicht nur an futuristischen Einkaufszentren wie »MyZeil«.

Deutschland ist das Land der Ritterburgen, ein schönes Beispiel dafür ist die Reichsburg Cochem, die hoch über der gleichnamigen Stadt thront.

Eine der berühmtesten Sehenswürdigkeiten nicht nur Deutschlands, sondern der ganzen Welt: Schloss Neuschwanstein, das spektakulärste Vermächtnis des unglücklichen Märchenkönigs Ludwig II. von Bayern.

ZU DIESEM BUCH

Wer glaubt, in Deutschland gäbe es kein Nizza oder Cannes, kein San Remo oder San Sebastián, der ist noch nie in Sellin gewesen. Denn die Seebäder der Ostsee müssen keinen Vergleich scheuen.

Wenn man eine Deutschlandreise unternimmt, sei es in Bildern oder im richtigen Leben, wird man als Erstes von einer Erkenntnis überrascht und sehr schnell auch überwältigt sein: von der unglaublichen Vielfalt, die den Reisenden zwischen den Küsten des Nordens und den Bergen des Südens begegnet. Kaum ein paar Dutzend Kilometer kann man durch Deutschland fahren, ohne dass sich die Landschaft, die Architektur oder der Dialekt der Menschen ändert. Eine bessere Versicherung gegen Langeweile gibt es nicht. Und sehr schnell begreift man: Um all die Schätze an Schönheiten in Deutschland zu erfahren, braucht man viel Zeit.

ZU DIESEM BUCH

Kaiser und Könige machten in den Seebädern Urlaub, und in ihrem Schlepptau kamen nicht nur die Reichen und Schönen bürgerlichen Standes, sondern auch Maler, Poeten und allerlei Lebenskünstler.

Man kann mit diesem Buch aber zumindest staunen und träumen, wie grandios und vielfältig Deutschland ist. Der Bildband nimmt seine Leser mit auf eine Reise, die in jeden Winkel des Landes führt und überall auf fantastische Fundstücke stößt – wilde, urwüchsige Landschaften, die sich jedem Zugriff der Menschen verweigern, prachtvolle Städte, die von der Geschichte in wahre Schatztruhen verwandelt worden sind, und verwunschene, abgeschiedene Winkel, die so sehr in sich ruhen, dass man sich am liebsten sofort dorthin aufmachen würde. Das alles zeigen die folgenden Seiten: ein Land, reich gefüllt wie eine fantastische Wundertüte.

INHALTSVERZEICHNIS

Deutschland hat im Lauf der Zeit viele Metamorphosen erlebt. Auch seine Industrien blieben davon nicht verschont. Doch sie haben das Beste aus dem Strukturwandel gemacht und neue Bestimmungen gefunden.

Heute wird dort, wo früher Eisen geschmolzen und Stahl gegossen wurde, nicht nur das Erbe der industriellen Vergangenheit bewahrt. Die alten Anlagen sind auch zu Orten von Kunst und Kultur geworden.

INHALTSVERZEICHNIS

Das römische Imperium hat auch in Deutschland seine Spuren hinterlassen, die bis heute sichtbar sind. So gründete Kaiser Marc Aurel im Jahr 179 nach Christus die Stadt Regensburg an der Donau.

Und Regensburg hat seine lange Geschichte genutzt, um zu einer der schönsten deutschen Städte zu werden. Allein seine Altstadt hütet einen Schatz von weit mehr als 1000 denkmalgeschützten Gebäuden.

INHALTSVERZEICHNIS

Wenn Besucher aus Übersee nach Deutschland kommen und vor Erbstücken der Geschichte wie Schloss Irmelshausen stehen, ist meistens ihre erste spontane Frage: Ist das alles echt? Man kann sie beruhigen.

Für die Deutschen ist der Wald viel mehr als nur eine Ansammlung von Bäumen. Er ist ein Seelenort voller Legenden und Sehnsüchte – so wie der Bayerische Wald, der zu den eindrücklichsten des Landes gehört.

INHALTSVERZEICHNIS

Eine Vorahnung all der Pracht und Herrlichkeit des Paradieses sollten die Kirchen einst den Gläubigen geben. Und im Barock wurden Gotteshäuser wie Kloster Ebrach besonders verschwenderisch ausgestattet.

Klöster waren immer Orte des Glaubens und des Geistes. Deswegen wurden dort große Bibliotheken eingerichtet – und eine der imposantesten findet man in der niederbayerischen Benediktinerabtei Metten.

DEUTSCHLANDS NORDEN

Hier kann man sich am Nordseestrand von der steifen Brise den Kopf lüften lassen; oder auf den Halligen wie in einem Zwischenreich zwischen Land und Meer fühlen, weder ganz hier, noch ganz dort; oder durch altehrwürdige Hansestädte wie Hamburg und Lübeck schlendern, den Geist der »Buddenbrooks« atmen und sich an der kühlen Eleganz hanseatischer Vornehmheit berauschen; oder aber sich unter den Obstbäumen des Alten Landes der schönen Illusion hingeben, dass der Mensch doch nicht überall aus dem Paradies vertrieben worden sei. All das kann man nur hier tun: im Norden Deutschlands.

HELGOLAND

Keine andere deutsche Insel liegt weiter vom Festland entfernt als das gerade einmal einen Quadratkilometer große Helgoland. Die »Lange Anna«, eine markante Felsnadel, ist das Wahrzeichen.

War das wirklich ein kluger Tauschhandel, den Deutschland im Jahr 1890 mit Großbritannien im Helgoland-Sansibar-Vertrag besiegelte? Die Briten gaben einen winzigen, sturmumtosten Felsbrocken mitten in der Nordsee her und bekamen dafür eine tropische Insel im Indischen Ozean, auf der es nach den begehrtesten Gewürzen duftete. Doch so verführerisch Sansibar auch

sein mochte: Es war immer ein Fremdkörper im Deutschen Reich geblieben, während Helgoland ein deutscher Urmythos war, der sich seit 1807 in britischem Besitz befand. Schon im siebten Jahrhundert wurde Helgoland von Friesen besiedelt und später von berüchtigten Piraten wie Klaus Störtebeker als Stützpunkt genutzt. 1826 eröffnete man auf der Insel ein Seebad, das bald zu einem Treffpunkt der Künstlerszene wurde. Die raue Einsamkeit dieser steinernen Trutzburg in den Weiten des Ozeans zog viele Musiker und Schriftsteller an; Heinrich Heine zum Beispiel war der robuste Humor der Helgoländer sehr sympathisch; und August Heinrich Hoffmann von Fallersleben dichtete 1841 hier ein Lied, das die Grundlage für die deutsche Nationalhymne werden sollte.

Mehr als eine halbe Million Tagestouristen kommen Jahr für Jahr zwischen Mai und Oktober nach Helgoland – und noch viel mehr Vögel wie diese Basstölpel machen auf der Nordseeinsel halt.

SYLT

Düne, Watt, Meer, Himmel, Stechginster, Strandhafer: Das sind die Grundzutaten, aus denen die Landschaften von Sylt bestehen. Es ist eine Kargheit, die sich kaum eine Abwechslung gestattet.

Sylt ist genau so, wie man sich Sylt vorstellt – und gleichzeitig ganz anders, als man denkt. Es ist eine spröde Schönheit im steifen Wind, die sich nicht anschmiegt und nicht gefallen, sondern so genommen werden will, wie sie ist. Sylt ist aber auch nicht glamourös, nicht kapriziös und kein bisschen international, sondern durch und durch deutsch. Vielleicht ist Sylt sogar der deutscheste Ort Deutschlands mit fünfundneunzig Prozent deutschen Gästen und hundert Prozent deutschen Tugenden. Es ist sauber, ordentlich, höflich, vernünftig, liebt Hund und Auto so sehr, dass es eigene Strände für Vierbeiner gibt und an Imbissbuden Parkplätze, so groß wie vor Fußballstadien.

Im Uhrzeigersinn: Halbinsel Ellenbogen mit Leuchtturm, Reetdachhaus in Morsum, Leuchtturm von Kampen, Altfriesisches Haus in Keitum, Strandkörbe in Hörnum und Hausfassade in Keitum.

Vielleicht liegt die stürmische Liebe der Deutschen zu ihrer größten Nordseeinsel auch daran, dass sie nicht nur eine spröde, sondern auch eine vergängliche Schönheit ist. Erst vor 400 Jahren hat die von den Gezeiten geformte Insel ihre jetzige Gestalt erhalten. Und sie ist weiterhin ständigen Veränderungen ausgesetzt. Denn die Sturmfluten nagen unerbittlich an der Westküste, spülen Strände weg, lassen Dünen ins Meer stürzen und drohen sogar, die Insel auseinanderzureißen. Millionensummen werden seit dem 19. Jahrhundert in den Küstenschutz investiert, und doch weiß jeder: Es ist im Grunde ein hoffnungsloser Kampf, den am Ende die Natur gewinnen wird.

FÖHR, AMRUM, PELLWORM

Früher die Heimat von Walfängern, heute ein beliebtes Ferienziel: Das Leben auf den drei Nordseeinseln Föhr, Amrum und Pellworm ist eng mit dem Meer verbunden. Hier die Inselkirche St. Salvator in Pellworm.

Wer auf einer sturmgepeitschten Nordseeinsel aufwächst und mit Gischt und Wellen groß wird, hat keine Angst vor dem Meer, selbst vor seinen schrecklichsten Wutausbrüchen nicht. Die Menschen auf den Inseln Föhr, Amrum (links) und Pellworm (rechts) haben sich schon immer mit der Übellaunigkeit der Nordsee zu arrangieren gewusst, und deswegen waren sie begehrte Seeleute

auf den Walfangschiffen, die bis nach Grönland ins Eismeer fuhren, um die Giganten des Ozeans zu jagen. In den alten Kirchen der drei Inseln erzählen die »sprechenden Grabsteine« ihre Lebensgeschichten. Und bis heute sieht man vor allem auf Föhr die prachtvollen Häuser der Walschiffskapitäne – den Lohn der Männer für ihren Mut und ihre Tapferkeit in den Stürmen des Meeres.

Eine zerbrechliche Idylle: Friesenstuben auf Langeneß und Hooge und die Johanniskirche auf der Kirchwarft auf Hooge (großes Bild). Doch die Halligen sind nur bei gutem Wetter friedliche Inselchen.

Eine extremere Heimat als diese gibt es in Deutschland kaum: winzige Marschinseln, die nur ein paar Meter aus dem Meer ragen und bei jeder Sturmflut überschwemmt werden, ein Zwischenreich, halb Wasser, halb Land, in dem nur Pflanzen gedeihen, die sich vom Salz der Nordsee nicht zerfressen lassen. Das sind die zehn Halligen, die allesamt im Nationalpark Schleswig-Holsteinisches Wattenmeer liegen und von 200 unerschrockenen Menschen bewohnt werden. Sie haben sogenannte Warften aufgeschüttet, kleine Hügel, die selbst heftigen Fluten widerstehen und auf denen sich die Halligen-Bewohner ihre Häuser errichtet haben. Doch ganz trauen sie dem Frieden nicht. Und so haben alle Häuser im Obergeschoss einen Schutzraum als letzte Rettung.

NATIONALPARK SCHLESWIG-HOLSTEINISCHES WATTENMEER

Eine Landschaft, in der die ganze Poesie des Nordens steckt, im Uhrzeigersinn: Amrum, Halbinsel Ellenbogen auf Sylt, Pellworm, Kanal in Eiderstedt, Ufermauer auf Amrum, Morsumkliff auf Sylt.

Das Wattenmeer ist eine ganz und gar erstaunliche Zwitterlandschaft. Es hat den Begriff der Küste aufgelöst und das Meer mit dem Land so stark vermischt, dass man beides kaum auseinanderhalten kann. Das, was bei Flut eben noch Ozean war, ist bei Ebbe begehbarer Meeresboden. Und dort, wo man gerade noch spazieren gehen konnte, muss man wenige Stunden später schwimmen. Der Mensch muss aufpassen. Millionen Tiere hingegen fühlen sich im Wattenmeer pudelwohl, allen voran die Seehunde und Kegelrobben, die sich hier von ihren Jagdzügen auf hoher See erholen und ihre Jungen aufziehen. Auch einer riesigen Vielfalt an Vögeln ist das Watt Heimat.

NATIONALPARK SCHLESWIG-HOLSTEINISCHES WATTENMEER

Millionen von Vögeln leben im Wattenmeer oder machen auf ihren Flügen dort Station. Und wenn ein Krabbenfischer seine Ladung einholt, wird er von Hunderten Seemöwen umringt wie von einem Wespenschwarm.

Der bemerkenswerteste Bewohner dieser erstaunlichen Landschaft ist der Wattwurm, eine der ältesten Lebensformen der Erde. Er lebt in einer Wohnhöhle, die er mit seinem Schleim stabilisiert wie die Gänge einer Mine. Pausenlos frisst er Sand, aus dem er winzige Algen filtert, und da sein Appetit so unermesslich ist, muss er des Öfteren das Hinterteil an die frische Luft strecken, um seine Notdurft zu verrichten. Das bemerken seine Fressfeinde und beißen beherzt zu. Doch sie erwischen nie den ganzen Wurm, sondern nur einen Teil des Hinterteils, der praktischerweise sofort nachwächst. Das ist die ganz eigene Interpretation des Wattenmeers vom Fressen und Gefressen werden.

Die Einheimischen leben vor allem von Ackerbau und Viehzucht, die Besucher kommen wegen der schönen Häfen, wie hier in Flensburg. So findet jeder im Land Angeln sein Auskommen und sein Glück.

Das Wasserschloss Glücksburg: So privilegiert wohnte früher der Adel. Die früheren Zeiten werden auch durch die denkmalgeschützte Kirche St. Nikolai in Kappeln dokumentiert (unten).

Jeder kennt das Wort Angelsachsen und weiß, dass es ein Synonym für die ursprünglichen Bewohner Englands ist. Die meisten werden wissen, dass der zweite Teil des Wortes von den Sachsen stammt, die es in den Wirren der Völkerwanderung in den Süden Britanniens verschlug. Aber was hat es mit den Angeln auf sich? Die Lösung des Rätsels liegt in einem Landstrich im Nord-

osten des heutigen Schleswig-Holsteins, im Land Angeln. In dieser hügeligen Gegend zwischen Flensburger Förde, Ostsee und Schlei lebte einst das Volk der Angeln, das schon im ersten Jahrhundert nach Christus vom römischen Geschichtsschreiber Tacitus erwähnt wurde. Sie müssen erfolgreiche Bauern gewesen sein, legten für ihre Verstorbenen aufwendige Gräber an, doch um das Jahr 400 nach Christus scheint sich ihr Glück gewendet zu haben. Die Gründe dafür sind unklar. Es können ungünstige klimatische Veränderungen gewesen sein oder auch Angriffe feindlicher Völker vom Meer. Jedenfalls verließen die Angeln ihre Heimat und ließen sich im Osten Englands nieder. Damit wurden sie schließlich zu den Ahnherren der Briten.

Ein Höhepunkt der norddeutschen Kirchenarchitektur: Der Dom Sankt Petri in Schleswig ist ein Prunkstück zur Verherrlichung des Allmächtigen. Im Zentrum steht der von Hans Brüggemann geschnitzte Altar.

In einer Bucht an der Schlei liegt die alte Wikingerstadt Schleswig, erstmals 804 als Sliasthorp urkundlich erwähnt. Ursprünglich ein kleiner Nachbarort des bedeutenden Haithabu, trat Schleswig nach dessen Zerstörung sein Erbe an und stieg zum Handelszentrum auf – die Lage an der Wasserstraße der Schlei und der Ochsenweg-Fernroute war dazu prädestiniert. Symbole einstiger Größe sind der weithin sichtbare Dom und das mehr als 800 Jahre alte Schloss Gottorf, einst Sitz des dänischen Statthalters. Es beherbergt den berühmten Riesenglobus von 1664 sowie mehrere Museen zu den Themen Archäologie, Kunst- und Kulturgeschichte. Ein Besuch der malerischen Fischersiedlung Holm am Rande der Altstadt führt direkt in die Vergangenheit – zwischen Friedhofskapelle und Holm-Museum stehen zahlreiche Fischerhäuser, deren Bewohner oft noch der Schleifischerei nachgehen. Und schließlich erinnert Jahr für Jahr das große Wikingerfest, das zu den größten Veranstaltungen dieser Art in Europa zählt, an Schleswigs Geschichte. Kostümierte Nordmänner ziehen dann durch seine Straßen.

Keine andere deutsche Stadt ist stärker mit der Geschichte der Wikinger verbunden als Haithabu. Dort ist man auf das Erbe stolz und pflegt es in einem Wikinger-Museum, wo Schiffe und Runensteine zu sehen sind.

Sie müssen wie eine biblische Plage über Europa hergefallen sein, das 250 Jahre lang in Angst und Schrecken vor diesen Höllenhorden lebte. »Die Normannen aber, nach Verwüstung und Mordbrennerei trachtend und dürstend nach Menschenblut, schlugen zum Unheil und Verderben des Reiches ihren Sitz im Kloster Gent auf.« So steht es in einer Chronik aus dem Jahr 879. In den

»Annales Bertiani« von 841 wird mit ähnlichem Schaudern von den Wikingern berichtet: »Inzwischen überfielen dänische Seeräuber von der Nordsee aus und durch den Kanal fahrend Rouen, wüteten mit Raub, Schwert und Feuer, schickten die Stadt, die Mönche und das übrige Volk in den Tod oder in Gefangenschaft, verheerten alle Klöster und alle Orte am Ufer der Seine und ließen sie, nachdem sie sich viel Geld hatten geben lassen, in Schrecken zurück.« Erst als in den Heimatländern der Wikinger die Macht der Könige erstarkte und sich die attackierten Reiche besser zu wehren wussten, ließen die Raubzüge nach, bis sie gegen Ende des 11. Jahrhunderts völlig aufhörten. Mit der Zeit verblasste der Schrecken – und es begann die Verklärung der Wikinger.

KIELER WOCHE

Seit 1882 treffen sich Segelschiffe in der Kieler Förde zu Regatten. Seit 1894 heißt die Veranstaltung Kieler Woche. Und seit Jahrzehnten ist sie das beeindruckendste maritime Spektakel in Deutschland.

Es ist ein Bild, das selbst eingefleischten Landratten die Sprache verschlägt und sie von einem Leben auf den sieben Weltmeeren träumen lässt: Wenn sich bei der großen Windjammerparade, dem Höhepunkt der Kieler Woche, mehr als hundert mächtige Segelschiffe in der Förde versammeln und die Glanzzeiten der christlichen Seefahrt wiederauferstehen lassen, kann man gar

nicht anders, als überwältigt zu sein. Es ist ein grandioses Schauspiel maritimer Pracht, eine der größten Regatten der Welt und gleichzeitig eines der beliebtesten Volksfeste Deutschlands. Winzige Jollen mischen sich mit den größten Traditionsseglern der Meere, dazwischen tummeln sich altertümliche Marineschiffe. Drei Millionen Menschen besuchen jedes Jahr die Kieler Woche, um die 5000 Segler bei ihren Wettrennen in weit mehr als einem Dutzend Bootsklassen anzufeuern, und anschließend zwischen verschiedenen Bühnen mit Live-Bands zu feiern. Inzwischen ist die Kieler Woche auch ein Treffpunkt für Kleinkunst und Anlass für gesellschaftspolitische Foren. Und zum guten Schluss gibt es immer ein großes Feuerwerk über Abertausenden von Segeln.

Der unbestrittene Höhepunkt jeder Kieler Woche ist die große Windjammerparade. Dann könnte man für kurze Zeit glauben, die stolzen Großsegelschiffe herrschten noch immer über die Weltmeere.

LÜBECK

»Die Stadt der sieben Türme« ist nur einer der vielen Ehrentitel Lübecks. Er ist den sieben Türmen der fünf großen Kirchen zu verdanken, die das historische Zentrum seit jeher beherrschen.

Es gibt Städte, die in ihrer Geschichte eine große, ruhmreiche Zeit hatten, dann in der Bedeutungslosigkeit versanken und darüber melancholisch geworden sind. Und es gibt Städte, die ein solches Schicksal mit Stolz und Gleichmut ertragen und sich dadurch ihre Größe bewahrt haben. Lübeck ist das Paradebeispiel einer solchen Stadt. Denn im 13. Jahrhundert stieg sie zum wichtigsten Handelszentrum des gesamten Ostseeraums auf, erhielt den Ehrentitel »Königin der Hanse«, richtete 1356 den ersten allgemeinen Hansetag aus, schickte seine Kaufleute bis nach Nowgorod und Brügge, Visby und London, verdiente ein Vermögen im Handel mit Pelzen, Salz und Wein.

Im Uhrzeigersinn: das Holstentor, Räume im Buddenbrookhaus, der Holstenhafen, das Rathaus, das Hauptschiff der Kirche St. Marien und das Heiligen-Geist-Hospital.

In dieser Zeit entstand Lübecks Stadtbild, das von den sieben Türmen der fünf Altstadtkirchen und von Dutzenden prachtvollen Kaufmannshäusern, von Verteidigungsanlagen wie dem Holstentor und dem Gassengewirr des spätmittelalterlichen Zentrums geprägt wird. Doch auch die Glanzzeit Lübecks währte nicht ewig. Im 16. Jahrhundert war der Niedergang der Hanse nicht mehr aufzuhalten. Niederländische Städte machten Lübeck den Rang als Handelsmetropole erfolgreich streitig, die einstige Herrscherin der Hanse musste sich fortan mit einem Platz in der zweiten Reihe zufriedengeben. 1669 fand hier schließlich der letzte Hansetag statt.

HOLSTEINISCHE SCHWEIZ

Hügel und Seen, Kirchen, Herrenhäuser und Schlösser: Das ist die Holsteinische Schweiz. Das Plöner Schloss thront über dem Plöner See und Gut Panker schmiegt sich in die Weite der Landschaft (unten).

Es waren einmal die schöne Tochter eines Försters aus der Holsteinischen Schweiz und der reiche Sohn eines Schokoladenfabrikanten aus Lübeck, die sich sehr liebten, doch nach dem Willen ihrer Eltern niemals zusammenkommen durften. Also schrieben sie sich heimlich Briefe und deponierten sie im Astloch einer Eiche. Darüber wurde ihre Liebe nur noch größer, sodass sie eines

Tages unter dem Baum heirateten und fortan glücklich bis ans Ende ihrer Tage lebten. Diese Geschichte klingt wie ein Märchen, ist aber wahr. Die Eiche gibt es wirklich, und die Post hat sogar eine Adresse für sie eingerichtet: Bräutigamseiche, Dodauer Forst, 23701 Eutin. Bis heute nutzen viele Verliebte das Astloch, und man sagt, dass der mehr als 500 Jahre alte Baum schon fünf Ehen gestiftet hat. Es ist kein Wunder, dass solche Liebesgeschichten in der Holsteinischen Schweiz spielen, einer Landschaft aus sanftmütigen Hügeln und verschwiegenen Seen, in der sich Wäldchen mit Äckern abwechseln und Hecken aus Holunder und Hainbuchen schlängeln. Es ist eine Landschaft zum Verlieben – entweder in die Natur oder in schöne Förstertöchter.

Die Stadt auf der Insel: Ratzeburg liegt inmitten des Ratzeburger Sees im äußersten Osten von Schleswig-Holstein – eine Schatztruhe des Barock, die sich selbst vollkommen zu genügen scheint.

Ratzeburg ist eine Stadt für Romantiker. Der Welt den Rücken zukehrend, liegt sie wie in einem freiwilligen Exil auf einer Insel inmitten eines Sees. Nur durch drei Dämme ist sie mit dem Festland verbunden, von dem sie sich losgesagt zu haben scheint, ganz sich selbst genügend, ganz in sich gekehrt. Da ist es kein Wunder, dass sich der englische Dichter Samuel Taylor Coleridge, einer der

berühmtesten Romantiker seiner Zeit und spätestens seit seinem Werk »Die Ballade vom alten Seemann« unsterblich geworden, auf dieser kleinen Insel im Herzogtum Lauenburg so wohlfühlte. Er verbrachte den Winter 1798/99 in der Stadt, der er eine »majestätische Schönheit« und »feminine Größe« attestierte, schaute die meiste Zeit verträumt auf das Wasser, und fühlte sich ansonsten auf eine höchst lebendige Weise sterbensglücklich dabei, auf dieser Insel aus der Zeit gefallen und von allem Getriebe der Moderne meilenweit entfernt zu sein. Nur ein Detail störte den Dichter verblüffenderweise: dass ganz Ratzeburg aus roten Ziegeln erbaut war und deswegen wie ein einziger roter Klumpen wirke. Davon zeugt unter anderem noch das Organistenhaus (links).

HAMBURG

»Die Freiheit, die von den Alten erworben wurde, mögen die Nachgeborenen würdig zu erhalten sich mühen.« Dies ist der Leitspruch Hamburgs, der in lateinischen Lettern am Portal des Rathauses prangt.

Freie und Hansestadt Hamburg: Kein anderer Ort in Deutschland trägt einen stolzeren Namen als Hamburg, das seit mehr als hundert Jahren auch als »Deutschlands Tor zur Welt« bezeichnet wird. Es ist die Stadt der Elbe und der Alster, der Pfeffersäcke und Leichtmatrosen, des größten deutschen Hafens und der traditionsreichsten Kaufmannschaft des Landes. Es ist die Stadt der Kultur, in der 10 000 Kunstschaffende leben, und des Multikulti, in der Menschen aus mehr als 180 Staaten zu Hause sind. Und es ist die Stadt der 2600 Brücken, mehr als irgendwo sonst auf der Welt. Die stolze Freie und Hansestadt Hamburg ist damit ein Ort von ungeheurer, beglückender Vielfalt.

Hamburg liegt nicht am Meer, doch dem Meer verdankt es alles: 1189 verlieh Kaiser Barbarossa der Stadt das Hafenrecht und legte so den Grundstein für die große Karriere Hamburgs als Handelsmetropole.

Es ist bezeichnend, dass die Altstadt in Hamburg keine dominierende Rolle spielt. Für verwinkelte Gassen und mittelalterlichen Muff ist diese Metropole viel zu weltoffen und fortschrittsgläubig. Sie schaut hinaus auf die Elbe und weiter auf den Ozean und nicht sentimental zurück auf ihre eigene Geschichte. Von den alten Stadttoren sind nur noch ein paar versprengte Reste zu sehen. Auch die sogenannten Fleete, Kanäle, mit denen die Flüsse Alster und Bille entwässert wurden, leben längst nur noch als Straßennamen weiter. Sie fielen dem Wachstumshunger der Stadt zum Opfer, wurden zugeschüttet und bebaut mit Prunkstücken des hanseatischen Kaufmannsstolzes.

Die tausend Gesichter Hamburgs: Alte traditionsreiche Häuser stehen neben modernen Gebäudekomplexen. Das Chilehaus im Kontorviertel ist ein faszinierender Backsteinbau aus dem Jahr 1924.

Im Uhrzeigersinn: Weihnachtsmarkt auf der Fleetinsel, die Peterstraße mit rekonstruierten Bürgerhäusern, das Verlagshaus Gruner & Jahr, die Kirche St. Michaelis, die Krameramtsstuben und die Mellin-Passage.

Die allermeisten Hamburger halten ihre Heimat für die schönste Großstadt Deutschlands. Nüchtern betrachtet, unter Abzug von Lokalpatriotismus und nach reiflicher Abwägung aller ästhetischen Argumente, muss man ihnen höchstwahrscheinlich recht geben. Hamburg ist tatsächlich eine blendende, strahlende, überwältigende Schönheit, sei es in der kunterbunten Neustadt mit ihrem prallen Leben, in den großbürgerlichen Villenvierteln mit ihren Bürgerpalästen oder rund um die Binnenalster, die im Herzen Hamburgs zu einem riesigen See aufgestaut wurde und der Stadt dank der Ruhe des Wassers eine innere Gelassenheit gibt, um die man die Hamburger nur beneiden kann.

HAMBURG, ST. PAULI

Einst gingen die Seilmacher in St. Pauli ihrem Gewerbe nach, weil sie im übrigen Hamburg unerwünscht waren. Man nennt sie auch Reepschläger – und so kam die weltberühmte Reeperbahn zu ihrem Namen.

St. Pauli ist einer der eigenartigsten Orte Deutschlands. Nirgendwo sonst kommen sich Verruchtheit und Bürgerlichkeit so nahe wie hier. Seit vielen Hundert Jahren ist St. Pauli Hamburgs offizieller, quasi staatlich anerkannter Sündenpfuhl. Im 17. Jahrhundert schon gab es hier Amüsierlokale für jede erdenkliche und undenkbare Art der Vergnügungen. Ihre wichtigste Kundschaft waren die Matrosen, die nach langen, trostlosen Monaten auf See gierig auf alle Freuden des Lebens waren und ihre Verlangen entlang der Reeperbahn stillten. So entstand dort eine schillernde Mischung aus Kneipen, Bordellen, Varietés, Spelunken und anderen Kuriositätenkabinetten.

Vom Nachtlokal bis zum Wachsfigurenkabinett: St. Pauli ist der Inbegriff des Rotlichtviertels und weiß diesen Ruf bestens zu vermarkten. Inzwischen hat sich allerdings auch Kultur ins Programm gemischt.

Doch eines Tages wurde St. Pauli salonfähig. Hans Albers besang die Melancholie des heimatlosen Seemannes, der bei den leichten Mädchen das trügerische Gefühl der Geborgenheit findet. Kleinkunstbühnen eröffneten neben Striptease-Lokalen, Revuetheater neben Peep-Shows. Und plötzlich wollten alle nach St. Pauli. Ganze Busgruppen braver Bürger aus der Provinz fielen auf der Reeperbahn ein, um ein wenig an der Unmoral der Welt zu schnuppern, ganze Generationen von Jugendlichen bekamen hier eine erste Ahnung von den Lustbarkeiten des Lebens. Und so ist St. Pauli heute auch ein wunderbarer Ort geworden: ein Ort des Großmutes und der Toleranz.

HAMBURG, LANDUNGSBRÜCKEN UND HAFEN

Die Landungsbrücken sind nicht nur ein Touristenmagnet, sondern auch ein wichtiger Knotenpunkt für den öffentlichen Nahverkehr per U-Bahn und Schiff.

HAMBURG, LANDUNGSBRÜCKEN UND HAFEN

»In Hamburg wohnt die Nacht, in allen Hafenschänken ... « So dichtete Wolfgang Borchert vor über sechzig Jahren. Und diese Atmosphäre kann man am Hafen rund um die Landungsbrücken noch immer erleben.

KULTURSTADT HAMBURG

Kaufmannsgeist und Kunstverstand sind keine Gegensätze, sondern Verbündete – jedenfalls in Hamburg, das dank des Mäzenatentums seiner Bürger eine blühende Kulturstadt mit Museen wie der Kunsthalle ist.

Man darf sich vom Drama um die Elbphilharmonie nicht täuschen lassen, die eigentlich schon viel eher zum neuen Wahrzeichen der Kulturstadt Hamburg werden sollte und längst auch ein Symbol von Fehlplanung ist. Die ursprünglichen Kosten und Eröffnungstermine haben sich mehrmals überschlagen. Hamburg ist trotzdem eine Stadt, die Kultur kann, und zwar seit vielen Hundert Jahren. Denn Kaufmannsgeist und Kunstverstand sind keine Gegensätze, sondern Verbündete. Hier wurde 1678 die erste öffentliche Oper Deutschlands gegründet, die bis heute einen glänzenden Ruf genießt und an der Weltstars wie Montserrat Caballé und Plácido Domingo ihre Karrieren begannen.

Im Uhrzeigersinn: die Galerie der Gegenwart am Glockengießerwall, der Spielbudenplatz an der Reeperbahn, das Thalia Theater, Musicaltheater, Ballettinszenierung und das Deutsche Schauspielhaus.

Die Oper ist der Großzügigkeit kunstsinniger Hamburger Bürger zu verdanken, die damit eine bis heute gültige Tradition begründeten. Auch die Konzerthalle der Hansestadt entstand mithilfe eines Mäzens, des schwerreichen Reeders Carl Laeisz, während das 1900 eröffnete Schauspielhaus, noch immer das größte deutsche Sprechtheater, dank einer Aktiengesellschaft hanseatischer Bürger Wirklichkeit wurde. Statistisch gesehen, gehen übrigens die Einwohner keiner anderen Stadt Deutschlands so häufig ins Theater wie die Hamburger, die zwischen sechzig Bühnen die Auswahl haben. Und zudem ist die Stadt an der Elbe einer der bedeutendsten deutschen Musical-Standorte.

HAMBURG, SPEICHERSTADT

Ein ganzes Viertel aus Lagerhäusern, das auf Eichenpfählen ruht und seit 1991 unter Denkmalschutz steht: Das ist die Speicherstadt mitten in Hamburg, die Ende des 19. Jahrhunderts errichtet wurde.

HAMBURG, SPEICHERSTADT

Ihr Bau wurde nötig, als Hamburg Mitglied des Deutschen Zollvereins wurde. Doch die Kaufleute genossen weiter das Privileg des zollfreien Überseehandels, der in der Speicherstadt abgewickelt wurde.

HAMBURG, HAFENCITY

Eine Insel inmitten der Stadt, die lange brach lag und sich nun vom Aschenputtel in eine strahlende Schönheit verwandelt: Diese wundersame Karriere wird die HafenCity in den nächsten Jahren absolvieren.

Der Name ist bescheiden, doch das Projekt ist gewaltig: Mitten im Herzen Hamburgs, gerade einmal einen Kilometer von Rathaus und Binnenalster entfernt, entsteht eines der größten urbanen Entwicklungsvorhaben, die jemals in einer europäischen Großstadt in Angriff genommen wurden. Auf einer vollständig von Flüssen und Kanälen umgebenen 2,2 Quadratkilometer großen Fläche,

die ein Teil des Freihafens war, wird ein kompletter Stadtteil mit Wohnungen für 12000 Menschen und 40000 Arbeitsplätzen errichtet. Dafür reißt man fast alle bestehenden Gebäude ab, mit Ausnahme einiger Häuser, die unter Denkmalschutz stehen. An die Geschichte des Geländes, das einst auch Hamburgs Hinrichtungsplatz war und so berühmte Delinquenten wie den Piraten Klaus Störtebeker und seine Vitalienbrüder sterben sah, wird in der HafenCity nichts mehr erinnern. Dafür werden sich Einwohnerzahl und Fläche des Hamburger Zentrums nahezu verdoppeln. Und dafür, dass die Traditionen dennoch nicht verraten werden, sorgt die Architektur der HafenCity, die trotz allen Betons auch eine Hommage an die norddeutsche Backsteinseligkeit ist.

Eine Stadt in der Stadt mit eigenem Leben und eigenem Rhythmus: Das ist der Hamburger Hafen, der nicht nur ein Wirtschaftsfaktor, sondern auch ein Identitätsstifter der hanseatischen Seele ist.

Wie sehr muss eine Stadt ihren Hafen lieben, wenn sie ihm jedes Jahr zu seinem Geburtstag ein rauschendes Fest ausrichtet, das mehrere Tage lang dauert und Hunderttausende von Besuchern anzieht? Es muss eine brennende, glühende Liebe sein – und genauso ist es auch zwischen den Hamburgern und ihrem am 7. Mai 1189 gegründeten Hafen. Denn sie wissen ganz genau, dass sie ohne ihn nicht wären, was sie sind, dass ihre Stadt ohne den größten deutschen und zweitgrößten europäischen Hafen undenkbar ist. 140 Millionen Tonnen Waren werden Jahr für Jahr in Hamburg umgeschlagen und zehn Millionen Standardcontainer gelöscht. 320 Liegeplätze gibt hier, 35 Kilometer Kaimauern, 150 Brücken und mehr als 300 Kilometer Bahngleise.

Doch damit nicht genug: Der Hamburger Hafen ist nicht nur als Warenumschlagplatz führend, sondern auch in der Veredelung von Rohwaren. Es gibt Raffinerien für Mineralöl, Mühlen für Getreide und Firmen, die jedes Jahr Hunderttausende Tonnen Kaffee und Tee weiterverarbeiten. Und die große Werft für Marine- und Fährschiffe Blohm + Voss hat hier ihren Sitz (links).

Die gute Stube Bremens ist so überwältigend schön, dass sie von der UNESCO zum Welterbe erklärt wurde – allen voran das prachtvolle Rathaus mit seiner Fassade im Stil der Weserrenaissance.

»Freiheit tu ich euch öffentlich kund, die Karl und mancher Fürst fürwahr dieser Stätte gegeben hat. Dafür danket Gott, das ist mein Rat.« So steht es am Bremer Roland geschrieben, und so soll es für alle Zeiten sein. Um ihre Freiheit mussten die Bürger der Stadt allerdings lange kämpfen. Als sie endlich gesiegt hatten, beschlossen sie im Jahre des Herrn 1404, eine monumentale Skulptur als Symbol für ihre Unabhängigkeit auf ihrem Marktplatz zu errichten. So kam die Stadt zu ihrem Roland, dem Helden aus dem »Rolandslied«, der angeblich ein Neffe Kaiser Karls des Großen war. Und Bremen hat seither einen Schutzpatron, um den es viele andere Städte beneiden.

Stolz und Wahrzeichen der ehrwürdigen Hansestadt Bremen: Der Roland ist die größte frei stehende Skulptur des deutschen Mittelalters und seit 600 Jahren der Garant für die bremischen Freiheiten.

BREMEN, ALTSTADT

Eine stolze Kaufmannsstadt, die sich nicht gerne in den Vordergrund drängt: Bremen ist jede Form von Protz und Prunksucht fremd und behält seine Schönheit am liebsten ganz für sich allein.

Ist es das notorische Understatement oder die Bescheidenheit Bremens? Ist es ihre kategorische Weigerung, in der ersten Reihe zu stehen? Es gibt viele Gründe und viele Rätsel, warum Bremen die am wenigsten wahrgenommene und am meisten unterschätzte Großstadt Deutschlands ist. Gäbe es nicht den Roland, die Stadtmusikanten und den Fußballverein Werder Bremen,

wüsste wahrscheinlich niemand von der Existenz dieses Ortes. Dabei ist er uralt, wurde 1186 Freie Reichsstadt, stieg im 18. Jahrhundert in den Transatlantikhandel ein und bald darauf zum wichtigsten deutschen Überseehafen neben Hamburg auf. Bremen war die Heimat der bedeutendsten deutschen Reederei, des Norddeutschen Lloyd, dessen Passagierschiff »Bremen« seiner Namensgeberin ewigen Ruhm sicherte, indem es das »Blaue Band« für die schnellste Atlantiküberquerung gewann. Und als Gipfel der Bescheidenheit macht Bremen keinen Rummel um seine Rolle als führende deutsche Kaffeestadt: Die Hälfte allen Kaffees, der zwischen Ostsee und Alpen getrunken wird, stammt aus Bremer Röstereien. Das ist die wahre norddeutsche Sachlichkeit.

»Etwas Besseres als den Tod findet ihr überall.« Das wussten Esel, Hund, Katze und Hahn und wurden zu Stadtmusikanten. Heute sind sie neben dem Roland und der Böttcherstraße das Wahrzeichen der Stadt.

BREMERHAVEN

Eine Stadt der Zukunft und des Fortschritts: Das erst 1827 gegründete Bremerhaven zählt nicht nur zu den wichtigsten Häfen Deutschlands, sondern auch zu den bedeutendsten Wissenschaftszentren.

Bremerhaven ist ein Ort der Trauer und der Hoffnung, des Abschieds und des Aufbruchs. Für Millionen Auswanderer war die Stadt, sechzig Kilometer nördlich von Bremen, das Letzte, was sie von Deutschland sahen, bevor sie von hier aus einem ungewissen Schicksal entgegenfuhren. Um die Mitte des 19. Jahrhunderts verließen mehr Menschen über Bremerhaven ihre alte Heimat als über jeden anderen Hafen in Europa. Das ist umso erstaunlicher, als der Ort zu diesem Zeitpunkt erst ein paar Jahrzehnte alt war. Er verdankt seine Existenz der Versandung der Weser, was wiederum die Bremer Bürger 1827 dazu zwang, von Hannover ein Stück Land an der Mündung der Weser zu kaufen und dort einen Hafen zu bauen. Seine Karriere war phänomenal.

Nicht nur Massen von Auswanderern ließen ihn stürmisch wachsen, sondern auch der Waren- und reguläre Passagierverkehr. »Bahnhof am Meer« wurde Bremerhaven bald genannt, das der Heimathafen des Norddeutschen Lloyd war, zeitweise der größten Reederei der Welt. Und Bremerhaven hat sich zunehmend als Ort der Forschung und Wissenschaften bewiesen.

Dem Meer verdankt die Hansestadt Bremen alles. Und als es sich durch die Versandung der Weser aus dem Staub machte, kauften die Kaufleute einfach ein Stück Küste und bauten sich einen neuen Hafen.

Schmucke Städtchen mit altehrwürdigem Fachwerk und stolzen Bürgerhäusern findet man zu Dutzenden zwischen Elbe und Weser – so wie Stade im Alten Land mit seinem Bürgermeister-Hintze-Haus.

Paula Becker, Otto Modersohn und ihre Malerfreunde kamen nach Worpswede, um das Glück der Einfachheit und die Wahrheit der Kunst zu finden. Und der Mythos ihrer Sehnsucht ist bis heute ungebrochen.

Worpswede war das Versprechen eines Traums – des Traums einer Verschmelzung von Kunst und Alltag, von Bauernleben und Malerexistenz, von Illusion und Wirklichkeit. Im Jahr 1889 wagte es eine Gruppe von Künstlern, diesen Traum wahr werden zu lassen. Sie zogen in das Dorf Worpswede am Rand des Teufelsmoors und gründeten eine Künstlerkolonie jenseits aller starren

bürgerlichen Konventionen, um eine bessere Welt mit einer besseren Kunst zu erschaffen. Paula Becker war dabei, die später Otto Modersohn heiratete, Clara Westhoff, Heinrich Vogeler, Fritz Mackensen, Fritz Overbeck. Sie lebten in einfachen Bauernhäusern, malten die Wolkenberge am hohen Himmel, porträtierten Birken, Schafe, Kanäle, Kähne, ließen sich vom melancholischen Licht der Moore verzaubern, suchten nach der Mystik des Ursprünglichen und fanden sie trotz allem Enthusiasmus nicht. Der Traum war kein Lebensprojekt, sondern löste sich nach ein paar Jahren auf, und die Maler zerstreuten sich in alle Himmelsrichtungen. Doch das Glücksversprechen Worpswedes überdauerte sie. Bis heute pilgern Menschen zum Teufelsmoor.

OSTFRIESLAND

»Moin« ist der Standardgruß der Ostfriesen, ganz gleich ob am frühen Morgen oder am späten Abend. Das ist nur eine der vielen Schrullen und Eigentümlichkeiten, die sich die Menschen hier bewahrt haben.

Wir werden jetzt keine dummen Witze machen, sondern nichts als die Wahrheit sagen: Ostfriesland ist keineswegs ein rückständiger Landstrich, der von einem tumben Bauernvolk bewohnt wird, sondern eine Region von herber Schönheit, die sich eine bewundernswerte Eigenständigkeit bewahrt hat. Das liegt an ihrer isolierten Lage ganz im Nordwesten Deutschlands, von dem die

Ostfriesen zudem durch ausgedehnte Moore getrennt sind. So konnten sich hier Traditionen bewahren, die andernorts längst verloren gegangen sind. Jeder zweite Ostfriese redet noch Platt und das Bild eines gemütlichen Schnacks bei einer Tasse Tee ist kein Mythos. Im Übrigen steckt hinter Orten wie Carolinensiel, Harlesiel oder Greetsiel eine jahrhundertealte Schifffahrtstradition: Siele sind Öffnungen in Deichen zur Entwässerung des dahinter liegenden Marschlandes. Bei Ebbe werden sie geöffnet, sodass das Wasser aus der Marsch ins Meer abfließen kann. Dabei spült es Rinnen aus, die früher für die Schifffahrt benutzt wurden. Und so wurden an diesen Sielen Dutzende von Häfen gegründet, die teilweise bis heute existieren.

So wie Neuharlingersiel sahen früher die meisten Häfen an der friesischen Küste aus: Sie lagen an sogenannten Sielen, mit deren Hilfe das Hinterland entwässert und ganz nebenbei schiffbar gemacht wurde.

OSTFRIESISCHE INSELN

Auf der offenen Meerseite locken die Inseln mit breiten Sandstränden, auf der Landseite mit dem einzigartigen Naturraum des Wattenmeeres: Juist, Borkum mit Leuchtturm und Promenade und Wangerooge.

Eine eigenartigere geologische Formation als die Ostfriesischen Inseln wird man in Deutschland kaum finden. Wie an einer imaginären Angelleine sind sie in drei bis zehn Kilometer Entfernung vom Festland in die Nordsee getupft, genau dort, wo das Wattenmeer endet und die offene See beginnt. Sie sind seit Jahrhunderten den Launen der Natur ausgesetzt, werden von den Strömungen ständig verändert, von Sturmfluten regelmäßig bedrängt und trotzen doch hartnäckig allen Widerständen. Auf manchen dieser Inseln wohnen auch Menschen, die liebend gerne mit dem wankelmütigen Ozean und der Melancholie in den langen Sturmnächten zusammenleben.

Weltabgewandt und doch mitten im Leben stehend: Einen herben Charme haben die meergeborenen Ostfriesischen Inseln wie Wangerooge (Bild), Borkum, Norderney, Baltrum, Langeoog oder Spiekeroog.

EMDEN

Seinem Hafen verdankt die größte Stadt Ostfrieslands bis heute Ruhm und Wohlstand. Das war in der Vergangenheit nicht anders, als Emden in einem Atemzug mit den großen Nordseehäfen genannt wurde.

Emden kann allen Ernstes von sich behaupten, wenn schon nicht die Geburtsstätte des Ostfriesenwitzes, so zumindest doch seine legitime Heimat zu sein. Denn gleich zwei der größten Ostfriesenwitze-Erzähler sind in Emden geboren: Otto Waalkes und Karl Dall. Ob das Zufall ist oder von langer Schicksalshand vorbereitet, sei dahingestellt. Jedenfalls kann man in der Vergangenheit des Ortes keine Anzeichen für ein besonderes komödiantisches oder humoreskes Talent feststellen. Ganz im Gegenteil war das um das Jahr 800 gegründete Emden in seiner Geschichte immer eine hochseriöse Stadt der Kaufleute und Reeder, die es zu beträchtlichem Reichtum brachte.

Hier entstehen Traumschiffe. Und wenn wieder einmal ein Kreuzfahrtgigant aus der Meyer Werft auf Reisen geht, muss mit allen Tricks gearbeitet werden, um dem Koloss den Weg zur Nordsee zu ebnen.

Man glaubt, man sei im falschen Film, so ungeheuerlich und unfassbar ist dieser Anblick: Da schiebt sich ein Hunderte Meter langes Kreuzfahrtschiff zwischen grünen Wiesen das Flüsschen Ems entlang, wirkt wie ein ozeanischer Irrläufer, der aus Versehen im platten Emsland gelandet ist, hat auf beiden Seiten mitunter nur ein paar Zentimeter Platz und entschwindet dann doch wundersamerweise in der Nordsee. Dieses Spektakel wiederholt sich ein ums andere Mal auf der Ems, denn die Meyer Werft in Papenburg hat sich höchst erfolgreich auf den Bau von Kreuzfahrtschiffen spezialisiert – die schönsten Dampfer der Welt werden heute mitten in Niedersachsen gebaut.

LÜNEBURGER HEIDE

Ein karger Landstrich, der auf den ersten Blick wenig Leben zeigt: Das ist die Lüneburger Heide, deren Reiz genau in dieser abweisenden, sich niemals anbiedernden Rauheit liegt.

Die Lüneburger Heide, dieses große, karge Land im Nordosten Niedersachsens, hat ihren Schrecken längst verloren. Heute ist sie ein beliebtes Touristenziel und Naherholungsgebiet. Und trotzdem lässt sie ihre Besucher manchmal noch erschaudern angesichts ihrer lebensfeindlichen Leere und gespenstischen Monotonie. Dann muss man unwillkürlich an das Bild denken, das

sich die Menschen früher von der Heide machten – es war ein Bild, in dem immer leises Entsetzen mitschwang. Der dänische Dichter Jens Immanuel Baggesen zum Beispiel beschrieb die Heide 1794 fassungslos als »Gegend ohne Anhöhen, ohne wilde oder zahme Laubgewächse, ohne Seen, ohne Bäche, ohne Spuren von Bewohntheit«. Noch drastischer war das Urteil, das der Reiseschriftsteller Carl Gottlob Küttner über die Heide fällte, die mit ihrer unfruchtbaren Erde den Menschen scheinbar keinen wirklich brauchbaren Lebensraum bieten konnte: »Der Boden dieses ganzen Landes ist eine ungeheure Sandwüste, die von Natur entweder ganz nackt ist oder Heidekraut oder dünn verstreute, stechende Grashalme hervorbringt.«

LÜNEBURG

Dank des Salzes konnte sich Lüneburg Prachtbauten leisten. Doch irgendwann war es vorbei mit dem Ruhm – und der Ort wurde zur »Residenz der Langeweile«, wie Heinrich Heine spottete.

Ohne Salz gibt es kein Leben. Deswegen sind die Herren des Salzes schon immer reich und mächtig gewesen. In der Vergangenheit, als es noch keine industrielle Salzgewinnung gab, galt dieses Gesetz viel stärker als heute. Und so bescherte es der schönen Stadt Lüneburg ruhmreiche Jahrhunderte. Denn der Ort liegt genau über einem riesigen Salzstock, der – so will es die

Legende – vor mehr als tausend Jahren von einem Jäger entdeckt wurde. Er sah ein weißes Wildschwein und erkannte, dass Salzkristalle im Fell für die ungewöhnliche Farbe verantwortlich waren. Fortan wurden Tonnen von Salz gefördert, mit denen die Heringe aus Nordsee und Ostsee für den Winter haltbar gemacht wurden. Die Stadt trat früh der Hanse bei, schaffte ihr Salz nach Lübeck, wo die Fische aus Bergen und Visby ankamen, verdiente ein Vermögen an ihrem weißen Gold und wurde darüber immer prachtvoller. Doch dann verlor sie ihr Salzmonopol und sank in einen Dornröschenschlaf, aus dem sie bis heute nicht so recht aufgewacht ist – was ein Segen ist, denn so ist die historische Bausubstanz fast vollkommen unversehrt erhalten.

CELLE

Fast 300 Jahre lang residierten die Herzöge von Braunschweig-Lüneburg im Celler Schloss, das neben anderen Schätzen auch eine der kostbarsten Sammlungen an Silberschmuck in Deutschland hütet.

»Die traurige Königin« nannte man die berühmteste Bewohnerin des Celler Schlosses, und das ist keine Übertreibung. Denn hierher wurde die dänische Königin Caroline Mathilde verbannt, nachdem sie eine Affäre mit dem aufrührerischen Arzt Johann Friedrich Struensee eingegangen war. Ihren Geliebten kostete sie das Leben, er wurde 1772 geköpft, gevierteilt, aufs Rad geflochten und zwei Jahre lang öffentlich zur Schau gestellt. Caroline musste Dänemark verlassen und ein Dasein abseits glanzvoller Höfe in Celle fristen. Wer heute die Stadt besucht, wird sich allerdings sagen, dass es Schlimmeres gibt. Denn Celle ist eine hübsche Stadt mit altehrwürdigen Häusern wie dem Alten Rathaus (links), in dem heute zahlreiche Veranstaltungen stattfinden.

Ein Gotteshaus, verschwenderisch wie ein Palast: Die Kapelle des Celler Schlosses ist eine der ganz wenigen Renaissancekirchen nördlich der Alpen, deren Ausstattung vollständig erhalten ist.

Das Heidschnucken-Idyll im Breeser Grund im Süden der Göhrde lässt Besucher und Betrachter an alte Zeiten erinnern. Es ist ein Stück ursprüngliche, bäuerliche Kulturlandschaft.

Das Wendland, ganz im Osten von Niedersachsen gelegen, berühmt für seine widerständigen Menschen und ihren Protest gegen das Atomlager Gorleben, ist ein ganz besonderer Landstrich. Das hat auch der Schriftsteller Andreas Maier erfahren, der selbst dort gelebt hat und schrieb: »Wer ins Wendland geht, kommt als ein anderer wieder heraus. Das lässt sich gar nicht vermeiden, auch wenn man einfach nur seine Ruhe haben will. Denn die Geschehnisse dringen in jedes Dorf, in jeden Garten, in jeden Kopf ein, ob man will oder nicht, und man kommt ins Nachdenken wie nirgendwo sonst. Übers Jonglieren, über die Polizei und über die Demokratie an sich. Das Wendland polarisiert.«

Ein Vierständerhaus im Rundlingsdorf Mammoißel. Obwohl von den alten slawischen Siedlungsformen heute schon viel erforscht und bekannt ist, ranken sich doch immer noch etliche Geheimnisse darum.

HANNOVER

Im Uhrzeigersinn: das Neue Rathaus, Hauptzentrale der Norddeutschen Landesbank, Marktkirche in der Kramerstraße, Steintor und Anzeiger-Hochhaus, Herrenhäuser Gärten, Niki-de-Saint-Phalle-Gasse.

Kaum eine Großstadt in Deutschland muss gegen so viele Klischees kämpfen wie Hannover. Spröde und langweilig sei es, hässlich und dröge, gesichtslos und grau. Dabei ist es ganz einfach, sich in der niedersächsischen Landeshauptstadt von seinen Vorurteilen ein für alle Mal zu verabschieden. Dazu reicht ein Spaziergang durch die herrlichen Herrenhäuser Gärten, die zu den bedeutendsten europäischen Parkanlagen des Barock zählen. Hier gibt eine grandiose Orchideensammlung und einen der ältesten botanischen Gärten Deutschlands, Fontänen, die achtzig Meter hoch in den Himmel schießen, und Grotten, die von Niki de Saint Phalle dekoriert wurden.

In den Kriegen hat Hannover immer wieder schwer leiden müssen. Deswegen ist von seiner historischen Bausubstanz und seinen Fachwerkhäusern nicht viel geblieben. Das Wenige aber wird liebevoll gepflegt.

HILDESHEIM

Den historischen Marktplatz schmücken Rathaus und das berühmte Fachwerk des Knochenhauer-Amtshauses. Der Dom und die Michaeliskirche mit bemalter Holzdecke (unten) sind UNESCO-Welterbe.

In der Denkmalpflege gibt es zwei sich streitende Schulen. Die eine verfolgt das Ziel, zerstörte oder beschädigte Monumente so originalgetreu wie möglich zu rekonstruieren. Die andere will die Gebäude in ihrem jetzigen Zustand erhalten, einschließlich aller Zerstörungen. In Hildesheim haben die Rekonstrukteure gewonnen. Das historische Zentrum der Stadt wurde in den letzten Tagen des Zweiten Weltkriegs fast vollständig vernichtet. Nur 200 der 1500 Fachwerkhäuser überlebten die Angriffe und die anschließenden Brände. Sofort nach dem Krieg begann man mit dem Wiederaufbau, der sich über Jahrzehnte hinzog. Und wenn man heute auf dem Marktplatz steht, kann man sich nur freuen, dass die Schule der Rekonstrukteure hier gewonnen hat.

Die Fachwerkbauten sind oft mit Sinnsprüchen in goldenen Lettern dekoriert: Fassade des Wedekindhauses (großes Bild und unten rechts), Knochenhauer-Amtshaus und Tempelhaus (rechts, von oben).

BRAUNSCHWEIG

Große Geschichte, gelassene Gegenwart: Braunschweig war dank Heinrichs des Löwen und der Dynastie der Welfen jahrhundertelang eine der bedeutendsten Städte im Heiligen Römischen Reich.

Braunschweig ist die Stadt des Welfenherrschers Heinrichs des Löwen, der für seine rebellische Kämpfernatur berühmt war und sich zeit seines Lebens mit seinem Cousin, Kaiser Friedrich I. Barbarossa, balgte und zankte. Heinrich der Löwe erbaute an einem Platz namens »Bruneswiek« die Burg Dankwarderode und erhob den Ort zur Stadt. 1753 ernannten die Herzöge von Braunschweig, die zuvor in Wolfenbüttel residierten, die Stadt zur Residenz des gleichnamigen Herzogtums. Heute ist die Region Braunschweig zudem ein bedeutender europäischer Standort für Wissenschaft und Forschung und innerhalb der Europäischen Region federführend.

Geblieben ist davon wenig mehr als die Erinnerung – und natürlich das stolze Wappentier der Stadt: der bronzene Löwe, den Heinrich 1166 vor dem Dom als Zeichen seines Kampfesmutes aufstellen ließ.

Manchmal findet man hier neben Geschichte auch köstliche, einheimische Leckereien. Ein typisches Gebäck ist »Ulen un Apen«, also Eulen und Meerkatzen; es geht auf den Erzschelm Till Eulenspiegel zurück, der in Kneitlingen unweit von Braunschweig geboren wurde und als Bäckergeselle seinen Schabernack in der Stadt des Löwen trieb. Berühmt ist auch der Spargel, der auf den sandigen Böden im Braunschweiger Umland angebaut wird. Und die Mettwurst »Braunschweiger« muss sich hinter »Frankfurtern« oder »Nürnbergern« keinesfalls verstecken, denn sie hat internationale Karriere gemacht und wird sogar in Amerika als feine Teewurst verkauft.

WOLFENBÜTTEL

Wolfenbüttel mag eine Schatztruhe der Fachwerkarchitektur sein. Doch seine legendäre Herzog August Bibliothek überstrahlt alles. Vor dem Rathaus ist Herzog August dem Jüngeren ein Denkmal gewidmet.

Giacomo Casanova hatte nicht nur Frauenröcke im Sinn. Im Juni 1764 kam er nach Wolfenbüttel, übersetzte ganz keusch in der Bibliothek Homers »Ilias« und notierte hinterher: »Ich kann diese Tage zu den glücklichsten meines Lebens zählen, denn ich war nicht einen Augenblick mit mir selbst beschäftigt.« Casanova war bei Weitem nicht der Einzige, der in der Herzog August Bibliothek sein Glück fand. Voltaire und die Humboldts, der Weltreisende Georg Forster und Goethe ließen sich von dieser einzigartigen Büchersammlung inspirieren. Der Geheimrat fühlte sich hier sogar »in der Gegenwart eines großen Kapitals, das geräuschlos unberechenbare Zinsen spendet«.

Der berühmteste Bibliothekar in Wolfenbüttel war Gotthold Ephraim Lessing, der hier sein bekanntestes Werk schrieb: »Nathan der Weise«. Die Stadt selbst allerdings war dem Dichter zu verschlafen.

WOLFSBURG, AUTOSTADT

Die Visitenkarte des VW-Konzerns: Direkt neben den Fabrikhallen in Wolfsburg zeigt er sich in seiner Autostadt von der besten Seite und erzählt nebenbei auch die Geschichte des Automobils.

Es war einmal ein Gebrauchsgegenstand, der hieß Automobil und wurde dazu benutzt, von einem Punkt zu einem anderen Punkt zu gelangen. Doch dann kam ein schöner Prinz mit dem Namen Marketing und machte aus dem Auto einen Kultgegenstand. Immer mehr glitzernde Paläste wurden ihm errichtet, und der glitzerndste von allen steht seit dem Jahr 2000 in Wolfsburg: die Autostadt des VW-Konzerns, die zwar märchenhaft verspielt aussieht, aber knallharten Marketing-Interessen gehorcht: Hier präsentiert sich der Konzern im schönsten Licht, hat für alle seine Marken von Audi bis Lamborghini pompöse Pavillons gebaut, zeigt eine Sammlung historischer Fahrzeuge inklusive eines Nachbaus des allerersten Automobils von Carl Benz aus dem Jahr 1886 und stapelt die Neuwagen in 48 Meter hohen Autotürmen; erscheint ein Kunde zur Abholung, wird sein Auto vollautomatisch aus den Türmen heruntergehievt und dem neuen Besitzer überreicht. Im Foyer bekommt er noch Sinnreiches mit auf den Weg, mit dem Zitat des Philosophen Ludwig Wittgenstein: »Die Welt ist alles, was der Fall ist.«

Spektakulärer Blickfang: In den Autotürmen werden die Neuwagen gestapelt. Und wer nach der Abholung noch Kleingeld übrig hat, kann auf dem Gelände in einem der besten Restaurants Deutschlands speisen.

KÖNIGSLUTTER

Nur sehr wenige Kleinstädte haben das Glück, einen Kaiserdom zu besitzen. Königslutter im Osten von Niedersachsen ist ein solcher Ort. Und seine kolossale Kirche hat wahrlich kaiserliche Dimensionen.

Wie kommt eine Kleinstadt mit 16 000 Einwohnern zu einer der gewaltigsten romanischen Kirchen Norddeutschlands, die für ihre Steinmetzarbeiten ebenso berühmt ist wie für ihre Reliquien? Ein Kaiser ist daran schuld, genauer Kaiser Lothar von Süpplingenburg, der 1135 die Kirche stiftete und nebenbei dem Ort Lutter zu einem kaiserlichen Namenszusatz verhalf. Dank seiner Reliquien wurde er zu einem bedeutenden Wallfahrtsort, und dank seines speziellen Bieres, eines obergärigen Weizens aus kalkhaltigem Wasser, kam er für einige Zeit zu Ruhm und Wohlstand. Tempi passati! Wenn man heute durch Königslutter geht, kann man darüber noch staunen.

Der Goldene Saal ist der prächtigste Raum im Schloss. Den Rahmen der goldverschnörkelten »Götterpforte« markieren Allegorien für Krieg und Frieden und der römische Götterbote Merkur im Laufschritt.

Der Dichter Hermann Löns konnte sehr bissig sein. Von 1907 bis 1909 lebte er in Bückeburg im Kleinstaat Schaumburg-Lippe und schrieb später: »Wenn man von Köln nach Berlin fährt, dann erblickt man kurz hinter Minden Grenzpfähle, und wenn man seine Reisegefährten fragt: Was ist denn das?, so erhält man die Antwort: Ach, das war eben Schaumburg-Lippe.« Das Fürstentum ist nämlich sehr klein, kann aber trotzdem mit einer Größe auftrumpfen: Graf Ernst von Schaumburg-Holstein ließ während seiner Regierungszeit das Schloss im Stil der Weserrenaissance zur Vierflügelanlage ausbauen und mit reich ausgestatteten Sälen und Salons ausstatten.

WESERBERGLAND

Die Weser umarmt Dölme, einen Ortsteil von Bevern. Verziertes und bemaltes Schnitzwerk: Die Weserrenaissance zeigt sich auch auf der Fassade des Stiftsherrenhauses in der Rattenfängerstadt Hameln (unten).

Irgendein besonderer Geist muss im Weserbergland walten, ein Geist, der die Menschen zu Sonderbarkeiten und Tollkühnheiten, zu Aberwitz und Frechheit verführt. Wie anders ist es zu erklären, dass sich in dieser Gegend Lügenbarone und Rattenfänger, Wunderdoktoren und Märchenprinzessinnen so wohlfühlten. Baron von Münchhausen stammt aus dem Weserbergland, der die verrücktesten Geschichten erfand und sie den Leuten für bare Münze auf die Nase band. Der Rattenfänger von Hameln trieb hier sein Unwesen und auch der knochenbrechende Doktor Eisenbarth fand an der Weser seine leichtgläubigen Opfer. Schneewittchen, Dornröschen und Rapunzel sind Töchter des Weserberglandes, das aber auch fantastische Architektur jenseits aller Zauberei hervorgebracht hat: Keine verwunschenen Schlösser sind dagegen die Bauten der Weserrenaissance, einer ganz eigenen Spielart der Renaissance, die sich durch eine abgöttische Liebe zum Giebel sowie strengste Geometrie auszeichnet. Vielleicht braucht man ja ein solches Formendiktat in einer Gegend, in der Wunderärzte und Kanonenkugelreiter umhergehen.

Eine eigenständige Spielart der Renaissance brachte unter anderem architektonische Juwelen wie Schloss Hämelschenburg in Emmerthal hervor.

Der Westen des Harzes, der sich 800 bis 1100 Meter hoch auftürmt, wird als Oberharz bezeichnet. Bizarre Felsformationen wie die Rabenklippen findet man hier.

Im Uhrzeigersinn: Herzberg am Harz, Altes Rathaus von Osterode, Kreuzgang in Walkenried, Bergwerksmuseum Rammelsberg, Kirche in Bad Lauterberg und Bergwerksmuseum Clausthal-Zellerfeld.

Der Oberharz ist keine Gegend für Zimperliche und Zögerliche. In dieser rauen Bergwelt muss man zupackend sein und zäh, sonst hat man gegen die widerspenstige Natur keine Chance. Ist man es aber, wird man reich belohnt – früher wie heute. In den vergangenen Jahrhunderten schenkte die Natur den schwer schuftenden Bergleuten das Silber, das sie eifersüchtig in ihrem Schoß hütete. Und heute belohnt sie die Besucher mit wilden Landschaften voller Mystik und Mysterien, in denen noch immer seltsame Rituale wie das Osterfeuer lebendig sind. Dabei schmieren sich die Menschen mit dem Ruß verkohlter Fichten die Gesichter schwarz.

GOSLAR

»Das Rom des Nordens« wurde Goslar im Mittelalter wegen seiner vielen Kirchen und grandiosen Repräsentationsbauten wie der Kaiserpfalz genannt. Vieles davon steht zum Glück noch immer.

Es war das Pferd des Ritters Ramm, das den Reichtum Goslars begründete. So jedenfalls will es die Legende, die berichtet, wie der kaiserliche Ritter zum Jagen in den Wald ging, sein Pferd an einen Baum band und bei seiner Rückkehr feststellte, dass das Tier durch das Scharren seiner Hufe eine Erzmine freigelegt hatte. Wahrscheinlich ahnte der Ritter nicht, worauf er da gestoßen war, sonst hätte er seinem treuen Gaul sicherlich ein Denkmal errichtet. Denn dem Erz, das mehr als 1000 Jahre lang im Bergwerk Rammelsberg gefördert wurde, verdankt Goslar seine ganze Pracht mit einer fantastischen mittelalterlichen Altstadt, in der allein 1500 Fachwerkhäuser stehen.

Im Uhrzeigersinn: das historisches Gildehaus Kaiserworth, Altstadt von Goslar, Außen- und Innenansicht der Gustav-Adolf-Stabkirche in Goslar-Hahnenklee, Detail der Kaiserworth und der Huldigungssaal im Rathaus.

Erst 1988 wurde das Erzbergwerk Rammelsberg stillgelegt. Seither gehört es zusammen mit der Altstadt Goslars und der Kaiserpfalz zum Weltkulturerbe der UNESCO. Das würde bestimmt auch die Kaiser freuen, die Goslar im 11. Jahrhundert zum Zentrum ihres Reiches machten und sich Dutzende Male hier aufhielten. Sogar Papst Viktor II. kam die Imperatoren in der Stadt besuchen, die ihren Reichtum nicht nur in prachtvolle Häuser und Kirchen, sondern auch in überaus praktische Errungenschaften steckte. So verlegte man schon im 14. Jahrhundert Leitungen aus Holz, um alle Häuser im Zentrum mit fließendem Wasser zu versorgen – und das im ausgehenden Mittelalter!

HARZ UND HARZVORLAND

Der Harz, das nördlichste deutsche Gebirge mit dem 1141 Meter hohen Brocken als höchster Erhebung, ist ein Mythenort und seine Orte heißen Hexentanzplatz (oben rechts) und Teufelsmauer (unten).

Eigentlich dürfte es den Harz gar nicht geben. Er liegt fast schon in der norddeutschen Tiefebene und ragt so unwirklich aus dem flachen Land, dass er wie eine Geistererscheinung wirkt. Da ist es kein Wunder, dass die Menschen schon immer den Sitz der Hexen im Harz vermuteten und nicht nur zur Walpurgisnacht wilde Tänze auf rasenden Besen rund um den Gipfel des Bro-

ckens zu sehen glaubten. Zahllose Sagen ranken sich um den Harz, Goethe verwendete das Hexenmotiv in seinem »Faust«, und auch Heinrich Heine kam 1824 mit vielen Illusionen hierher. Er bestieg an einem nebligen Tag den Brocken und soll danach eines der kürzesten Gedichte der deutschen Sprache verfasst haben: »Viele Steine, müde Beine, Aussicht keine, Heinrich Heine.«

Das Kleine Schloss ist das Herzstück der barocken Gartenanlagen von Blankenburg im Harz, die im 18. Jahrhundert entstanden. Und lustwandeln, wie einst die adligen Herrschaften, kann man dort bis heute.

Namen sind wie Schall und Rauch – zum Glück, wird sich vermutlich ein adliger Herr namens Poppo gedacht haben, der es im 12. Jahrhundert immerhin zum Grafen von Blankenburg brachte, dann aber nicht weiter auffiel in der Weltgeschichte. Sein kurioser Hinterteilvorname indes ist für immer mit dem Harzstädtchen Blankenburg verbunden, das unter Graf Poppo eine erste Blüte

erlebte. Eine zweite Blütezeit war ihm im 18. Jahrhundert beschieden, als die Grafschaft zum Reichsfürstentum aufstieg. In dieser Zeit entstanden barocke Gartenanlagen mit Putten, Vasen, Brunnen und kunstvoll gestutzen Bäumen. In Halberstadt dagegen ist der gotische Dom St. Stephanus das Highlight und in Gernrode strahlt die Stiftskirche St. Cyriakus (von links).

QUEDLINBURG

Das Mittelalter lebt! Diesen Eindruck muss man gewinnen, wenn man in Quedlinburg all die großartigen Zeugnisse der Vergangenheit sieht – etwa ganze Straßenzüge voller Fachwerk oder die Kirche St. Servatius.

Quedlinburg ist die Königin unter den deutschen Fachwerkstädten. Daran zu zweifeln, wäre nichts anderes als Majestätsbeleidigung. Denn kein anderer Ort kann es an Pracht und Größe, Schönheit und Vollkommenheit mit der Altstadt von Quedlinburg aufnehmen, in der es nicht weniger als 1300 Fachwerkhäuser aus sechs Jahrhunderten gibt. Der Großteil ist in den vergangenen Jahrzehnten prachtvoll restauriert worden und zeugt heute wieder von der überragenden Rolle, die der Ort im frühen Mittelalter in der deutschen Geschichte spielte. Und so kann man heute in Quedlinburg eine Reise in die ferne Vergangenheit antreten, als säße man in einer Zeitmaschine.

WERNIGERODE

Die Vergangenheit sieht hier so perfekt aus, als sei sie eine nachgebaute Hollywood-Kulisse, doch es ist alles echt: Allen Fachwerkfreunden wird im Harzstädtchen Wernigerode das Herz übergehen.

Graf Otto zu Stolberg-Wernigerode hatte eine Vision. Er wollte den Familiensitz seines Geschlechts, der gut sichtbar über dem Harzstädtchen thront, zu einem Repräsentationsbau von imperialen Ausmaßen und sonnenkönigshafter Dekorationslust aufmöbeln. Mitte des 19. Jahrhunderts machte er sich ans Werk, und herausgekommen ist dabei eine Art Neuschwanstein des Nordens: eine historisierende Schlossburg voller Erker und Bergfriede, Kachelöfen und Kristalllüster, wie ein einziger Rausch an altdeutscher Gemütlichkeit. Wenn man dieses Fantasiegebilde besucht hat, kann man anschließend als Kontrastprogramm das schlichte Fachwerk Wernigerodes erkunden.

MAGDEBURG

Es grenzt an ein Wunder, dass der großartige Dom alle zerstörerischen Stürme der Zeit überstanden hat. Hier liegt Kaiser Otto der Große begraben, der einst Magdeburg zu seiner Lieblingsstadt erkor.

»Magdeburgisieren« ist ein Wort, das heute kaum noch jemand kennt. Früher aber lief den Menschen bei ihm ein kalter Schauder des Entsetzens über den Rücken. Denn es war das Synonym für Leid und Zerstörung, Tod und Apokalypse. Schuld daran war der Feldherr Tilly, der während des Dreißigjährigen Krieges am 20. Mai 1631 die Stadt heimsuchte wie eine biblische Plage. »Es ist gewiss seit der Zerstörung Jerusalems kein gräulicheres Werk und Strafe Gottes gesehen worden«, schrieb ein entsetzter Zeitgenosse. Er konnte nicht ahnen, dass sich das Grauen am 16. Januar 1945 wiederholen sollte, als alliierte Bomben 90 Prozent der Magdeburger Altstadt vernichteten.

LUTHERSTADT EISLEBEN

Wie ein allgegenwärtiger guter Geist schwebt Martin Luther über Eisleben, jener Stadt im östlichen Harz, in der er geboren wurde und starb. Dem Reformator begegnet man hier auf Schritt und Tritt.

Es ist so müßig wie verlockend, darüber zu streiten, wer die bedeutendste deutsche Persönlichkeit der vergangenen Jahrhunderte gewesen ist – jener Mensch also, dessen Wirken am folgenschwersten für den Gang der Geschichte war. In Eisleben wird man indes auf diese Frage eine sehr klare Antwort erhalten: Selbstverständlich war es Martin Luther, der hier am 10. November 1483 geboren wurde und am 18. Februar 1546 ebenda starb. So stark fühlt sich die Stadt ihrem berühmtesten Sohn verpflichtet, dass sie sich 1946 den Beinamen »Lutherstadt« gab. Und so bedeutend erschien der UNESCO die Rolle Eislebens, dass sie den Ort zum Welterbe erhob.

BAUHAUS

Eine zarte, fast schwebende Schönheit aus Kuben mit einer vorgehängten Fassade und Formen von minimalistischer Strenge: Das Bauhaus von Walter Gropius ist ein architektonischer Geniestreich.

Eine neue, bessere, schönere Welt zu erschaffen: Um nichts Geringeres ging es dem Bauhaus, das 1919 in Weimar gegründet wurde und seine Glanzzeit in Dessau erlebte. Die Architekten, Designer, Maler rund um Walter Gropius wollten sich auf das Grundlegende konzentrieren, auf die Grundfarben und Grundformen, und aus diesen Grundelementen eine neue Gesellschaft formen.

Das ist ihnen nicht gelungen. Dafür haben sie eine andere, mindestens genauso große Leistung vollbracht: Das Bauhaus mit seiner klaren, schnörkellosen Formensprache ist zur einflussreichsten ästhetischen Schule des 20. Jahrhunderts geworden, die bis heute unsere Architektur prägt. Und ihr zeitloses Fanal ist immer noch das Bauhaus-Gebäude von Walter Gropius in Dessau.

WÖRLITZ

Eine ideale Welt wollte Fürst Franz von Anhalt-Dessau erschaffen. Deswegen erzog er sein Volk zu guten Menschen, gestaltete die Natur in ein irdisches Paradies um und setzte mitten hinein das Schloss Wörlitz.

Leopold III. Friedrich Franz, Fürst von Anhalt-Dessau, war der Herrscher über einen Miniaturstaat. Doch er hatte Titanisches vor. In ein Musterland wollte er sein Zwergenreich verwandeln, sowohl in moralischer wie in ästhetischer Hinsicht. Er führte die Schulpflicht ein, schaffte die Zensur ab, gewährte seinem Volk eine kostenlose medizinische Versorgung und gestaltete sein Ländchen

nach englischem Vorbild in einen Landschaftspark um. Sein Wörlitzer Gartenreich mit Skulpturen und Teichen wurde zu einer nationalen Attraktion, die Geistesgrößen wie Novalis und Goethe anzog. Und der begeisterte Geheimrat notierte: »Mir ist es jetzt unendlich schön. Mich hat es sehr gerührt, wie die Götter dem Fürsten erlaubt haben, einen Traum um sich herum zu erschaffen.«

LUTHERSTADT WITTENBERG

Rathaus und St.-Marien-Kirche beherrschen den Marktplatz mit dem Standbild Luthers. Die Geburtsstätte der Reformation nennt sich Wittenberg und führt deswegen seit 1938 den Ehrentitel »Lutherstadt«.

Am 31. Oktober 1517 wurde Weltgeschichte geschrieben. Ein kleiner Mönch heftete an diesem Tag an das Portal der Wittenberger Schlosskirche 95 Thesen, die eine Sprengkraft von ungeahntem Ausmaß hatten. Denn Martin Luther stellte mit ihnen den christlichen Alleinvertretungsanspruch der römisch-katholischen Kirche infrage, wandte sich vom Papst ab, begründete die Reformation und sorgte dafür, dass nach dem 31. Oktober 1517 die Welt eine andere war als vor diesem Datum. Dass Luther ausgerechnet in Wittenberg seine frevlerische Tat beging, ist kein Zufall. Die Stadt und vor allem ihre Universität waren damals Stätten des freien Geistes und der freien Gedanken. 1502 war die Universität von Friedrich dem Weisen begründet worden, als erste Hochschule des Reiches, die nicht auf kirchliche Initiative zurückging. Sie zog große Geister wie Philipp Melanchthon und Lucas Cranach an, und eben auch Martin Luther, der hier den Entschluss fasste, mit Rom zu brechen. Bis heute wird das Erbe der Reformation in Wittenberg wie ein Schatz gehütet und zieht jedes Jahr Abertausende Menschen an, die den Hauch der Geschichte spüren wollen.

Martin Luther, wohin das Auge auch blickt: Der Reformator ist allgegenwärtig in jener Stadt, in der er den ungeheuerlichen, bis dahin undenkbaren Schritt wagte, sich vom päpstlichen Rom loszusagen.

HALLE AN DER SAALE

Halle ist eine der wenigen deutschen Großstädte, die den Zweiten Weltkrieg fast unbeschadet überstanden haben. Das weiß allerdings kaum jemand, weil es die Hallenser nicht an die große Glocke hängen.

In Halle gibt es drei Arten von Einwohnern, jedenfalls soll sie der große Spötter Heinrich Heine so eingeteilt haben: erstens die Hallenser, also die feinen Leute; zweitens die Halloren, die in der Salzgewinnung schuften mussten; und drittens die Hallunken, die in den armen Vororten lebten. Heute bezeichnet man die Zugezogenen als Hallunken – wohlgemerkt mit zweifachem »l« –, die ihren Entschluss, in Halle zu leben, gewiss nicht bereuen. Denn die Stadt, die immer im Schatten des nahen Leipzig steht und deswegen chronisch unterschätzt wird, gehört zu den intaktesten, kultiviertesten und lebenswertesten Orten im Osten Deutschlands.

NAUMBURG AN DER SAALE

Der Naumburger Dom, das Wahrzeichen der Stadt. Von den Stifterfiguren sind die des Markgrafen Ekkehards II. von Meißen und seiner Frau Uta von Ballenstedt die bekanntesten (rechts).

Als die Zeichner Walt Disneys 1936 an dem Zeichentrickfilm »Schneewittchen« arbeiteten, suchten sie händeringend nach einem Vorbild für die böse Königin. Im Naumburger Dom wurden sie schließlich fündig: Dort hatte der sogenannte Naumburger Meister um 1250 eine Reihe von Steinskulpturen geschaffen, deren Ausdrucksstärke und Lebendigkeit ihresgleichen sucht. Darunter war auch Uta von Naumburg, die Gemahlin des Markgrafen Ekkehard, in deren Gesicht sich meisterhaft Hochmut und Dünkel, aber auch Scheu und Unsicherheit widerspiegeln. Auch die anderen Figuren des unbekannten Meisters haben eine überwältigende Mimik, dass man ihnen fast Lebendigkeit zuspricht.

SCHWERIN

Keine andere deutsche Landeshauptstadt ist kleiner als Schwerin, das nicht einmal 100 000 Einwohner zählt. Doch mangelnde Größe macht der Ort durch verschwenderisches Idyll mehr als wett.

Es gibt Städte in Deutschland, die von der Launenhaftigkeit des Schicksals in den toten Winkel der Aufmerksamkeit verbannt worden sind, obwohl diese Städte ein so schweres Los ganz und gar nicht verdient haben. Schwerin ist ein solcher Ort im Abseits. Er stand immer im Schatten seiner günstiger gelegenen Cousinen Rostock und Wismar, profitierte deswegen kaum vom florierenden Hansehandel an der Ostsee, wurde zwar von den mecklenburgischen Herzögen zur Residenz erhoben und blieb trotzdem immer in der zweiten Reihe. Heute ist Schwerin sogar die Hauptstadt eines Bundeslandes, doch im strahlenden Licht der Aufmerksamkeit steht der Ort deswegen nicht.

Das Wahrzeichen der Stadt und ihre mit Abstand bekannteste Ansicht: Wie ein norddeutscher Wiedergänger der Königsresidenzen an der Loire liegt das Schweriner Schloss am Ufer des Burgsees.

Dabei verdient Schwerin alleine schon wegen seines Schlosses höchste Beachtung. Tausend Jahre Baugeschichte haben in der Residenz der Herzöge von Mecklenburg eine Vielzahl Stile zurückgelassen, die schließlich im 19. Jahrhundert unter der Fassade des romantischen Historismus zusammengeführt wurden. Dabei stand unverkennbar das berühmte Schloss Chambord an der Loire Pate, das sich nun ein wenig wie eine Fata Morgana im Schweriner See spiegelt. Aristokraten muss das Schloss allerdings nicht mehr beherbergen. Stattdessen residiert seit 1990 das Volk in den herrschaftlichen Mauern – in Gestalt des Landtags von Mecklenburg-Vorpommern.

SCHAALSEE

Vom Todesstreifen zum Biosphärenreservat voller Teichrohrsänger und Kraniche: Diese Karriere mit Happy End hat der Schaalsee im äußersten Westen von Mecklenburg-Vorpommern hinter sich.

Tiere scheren sich nicht um Weltpolitik. Deswegen wird es all den Kranichen, Seeadlern, Rohrdommeln, Schellenten, Heuschrecken, Libellen und Laufkäfern herzlich egal gewesen sein, dass genau durch ihre natürliche Heimat am Schaalsee 28 Jahre lang die innerdeutsche Grenze verlief. Sie lebten gut in ihrem nassen Todesstreifen und profitierten sogar von ihrer exponierten Lage während

des Kalten Krieges. Denn der Eiserne Vorhang sorgte dafür, dass die Menschen ihr Habitat weitgehend in Ruhe ließen. So konnte sich rund um den 24 Quadratkilometer großen See an der Grenze von Mecklenburg-Vorpommern und Schleswig-Holstein ein Landschaftsidyll bewahren, dem man nicht ansieht, wie gewaltsam es einst entstanden war. Gewaltige Gletscher mit bis zu 2000 Meter dicken Eismassen frästen Hügel und Täler aus der Erde und spülten ein gigantisches, mehr als siebzig Meter tiefes Loch in den Boden, aus dem der Schaalsee werden sollte. In kleineren Senken sammelte sich gleichfalls das Gletscherwasser, um sogenannte Sölle zu bilden. Und diese Kleingewässer nennt man ganz poetisch »die Augen Mecklenburgs«.

Seit der Wiedervereinigung trägt Wismar wieder stolz den Titel einer Hansestadt in seinem Namen – völlig zu Recht, denn der Hanse verdankte es einst all seinen Ruhm und seinen Reichtum.

Wenn man heute die stolzen Städte an der Ostseeküste besucht, fällt einem ein Widerspruch immer wieder auf: die eigenartige Diskrepanz zwischen glanzvoller Pracht und relativer Bedeutungslosigkeit. Für all ihre mächtigen Kirchen und prunkvollen Bürgerhäuser, ausladenden Marktplätze und palastartigen Kontore sind diese Städte eigentlich viel zu klein. Wismar ist ein Paradebeispiel

für einen solchen Ort, eine Schatztruhe voller Backsteinhäuser mit Spitzgiebeln und prachtvoller Gotteshäuser wie die Nikolaikirche (links), aber auch mit einem ganz gemächlich dahinplätschernden Lebensfluss. Den Schlüssel, um diese Widersprüche zu erklären, liefert die Geschichte in Form einer einzigen Institution: Die Hanse sorgte dafür, dass Wismar und viele andere Städte im Norden schon früh zu blühenden Handelszentren wurden und ihren Reichtum in Repräsentationsbauten zur Schau stellten. Wismar trat 1259 der Hanse bei, stieg sofort zu einer ihrer wichtigsten Städte auf, fiel dann aber im langen Lauf der Jahrhunderte in einen Dornröschenschlaf, aus dem es immer noch nicht so recht aufgewacht zu sein scheint.

ROSTOCK UND WARNEMÜNDE

Eine Stadt, die mit dem Meer verheiratet ist und ihm nie den Rücken zukehrt: Rostock wurde dank der Hanse glücklich, erbaute sich eine herrliche Altstadt und ist der See bis heute inbrünstig verbunden.

Rostock und sein Stadtteil Warnemünde können mit vielen Attraktionen prunken, herrlichen Backsteinhäusern aus der Hansezeit, prachtvollen Kirchen wie der dreischiffigen Basilika St. Marien, Seepromenaden, Kurhäusern, Leuchttürmen. Eine Sehenswürdigkeit allerdings überragt alle anderen: das Hotel Neptun, das berühmteste und gleichzeitig verrufenste Hotel der DDR, das

immer noch achtzehn Etagen hoch über dem Strand von Warnemünde thront. »Stasi-Hotel« wurde das Neptun genannt, weil hier viele Reisende aus dem Westen übernachteten, um mehr oder weniger legale Geschäfte mit den DDR-Granden abzuwickeln, sich gern auch einmal von den schönen Töchtern des Sozialismus verwöhnen ließen und dabei zuverlässig von der Stasi gefilmt wurden. Der schleswig-holsteinische Ministerpräsident Uwe Barschel war hier Stammgast, und der berüchtigte DDR-Devisenbeschaffer Alexander Schalck-Golodkowski hatte sogar eine Suite, die nur für ihn reserviert war. Heute kann man dagegen einfach entspannt die Strandpromenade entlangschlendern und in »Schusters Strandbar« Rast machen (links).

Für Gott und die Gesundheit: Erst kamen Zisterziensermönche und erbauten ein Münster, dann folgten bürgerliche und aristokratische Kurgäste und machten aus Doberan das erste deutsche Seebad.

Ungeheuerliche Nachrichten aus dem Königreich England erreichten das europäische Festland, versetzten die besseren Stände in Aufregung und gelangten auch an den Hof der Herzöge von Mecklenburg: Das Baden im Meer führe nicht zum sofortigen Tod, sondern sei ganz im Gegenteil der Gesundheit förderlich. Ein leibhaftiger König habe es am eigenen Leibe ausprobiert und beste

Erfahrungen damit gemacht. Also beschlossen die Herzöge, ebenfalls zur Kräftigung ihres Körpers in die Fluten zu steigen. Sie schauten sich das beschauliche, zwischen Rostock und Wismar gelegene Doberan mit seinem uralten Zisterzienserkloster als Badeort aus, reisten 1793 erstmals mitsamt Hofstaat an, fanden bald zahlreiche Nachahmer in Adel und Bürgertum und machten Bad Doberan damit zum ersten deutschen Seebad überhaupt. Weitere folgten, doch das Doberaner Münster bleibt unbestritten einzigartig in seiner Architektur und Entwicklung. Es demonstriert eindrucksvoll den Gestaltungswillen der Hochgotik. Der Hochaltar im hohen rötlichen Kirchenschiff ist mit filigran durchbrochenen Fialentürmen ausgeschmückt.

FISCHLAND-DARSS-ZINGST

»Hier ist es wundervoll. Ich liege am Gestade wie ein Krokodil, lasse mich von der Sonne braten und pfeife auf die sogenannte Welt.«. So schwärmte Albert Einstein von der Halbinsel Fischland-Darß-Zingst.

Man kann zum Philosophen werden auf der Halbinsel Fischland-Darß-Zingst, die sich 45 Kilometer weit zwischen Rostock und Stralsund an der Ostseeküste entlangzieht. Denn hier bekommt man ein Gefühl für die Zeit, in der die Erde geschaffen wird und wieder vergeht. Es sind nicht immer Jahrmillionen, sondern manchmal nur ein paar Jahre, in denen sich dieser Prozess des Entstehens und Verschwindens abspielt. Und hier ist man quasi live dabei. Erst vor 7000 Jahren nahm die Ostsee ihre heutige Gestalt an, die sie aber seither permanent verändert. Ihre Küstenlinien sind im ständigen Fluss, so auch die Halbinsel, die durch das Zusammenwachsen der drei Inseln Fischland, Darß und Zingst entstanden ist. Den letzten Baustein setzte die Natur dabei erst 1872, als nach einer schweren Sturmflut die Lücke zwischen Darß und Zingst geschlossen wurde. Das Land schiebt sich bis heute weiter ins Meer hinein, um bis zu neun Meter wächst es jedes Jahr. Umgekehrt holt sich die Ostsee immer auch Land zurück und lässt die Kiefern sterben, die am Ufer den Kampf gegen Wind und Salz verlieren und ihre kahlen Äste in den Himmel recken.

Am Übergang vom Fischland zum Darß liegt das Seebad Ahrenshoop, im Uhrzeigersinn: Ahrenshooper Weststrand und sein Ortsteil Althagen, Leuchtturm und Strand bei Darß.

HIDDENSEE

Dünen, Heidelandschaften und außergewöhnlich eigensinnige Menschen prägen die Ostseeinsel Hiddensee. Sie bleiben am liebsten unter sich und lassen sich von den Festlandbewohnern nichts sagen.

Inselbewohner sind Eigenbrötler. Das ist ein Naturgesetz, das auf Hiddensee eindrucksvoll bestätigt wird. Denn die Menschen hier sind derart eigensinnig, dass sich sogar die SED an ihrer rebellischen Sturheit die Zähne ausbiss. Wer Hiddensee betrete, verlasse das Territorium der DDR, sagte man damals im Volksmund. Vielleicht war es ja genau diese Querköpfigkeit, die die Insel bei Künstlern so beliebt machte, etwa bei Gerhart Hauptmann, der sich hier begraben ließ und den frommen Wunsch äußerte: »Hiddensee ist eines der lieblichsten Eilande, nur stille, stille, dass es nicht ein Weltbad werde.« Dank der Sturheit der Menschen hier ist dieser Wunsch in Erfüllung gegangen.

Stolze Kirchen, stolze Bürgerhäuser, stolze Jachten: Stralsund gehört nach einer aufwendigen Restaurierung seines Zentrums jetzt wieder zu den schönsten Städten an der deutschen Ostseeküste.

Es kann nicht die Aufgabe eines atheistischen Arbeiter- und Bauernstaates sein, seine Ressourcen für den Erhalt des bürgerlichen und christlichen Bauerbes zu verschleudern. Das war in der DDR die offizielle Doktrin und führte beinahe in die Katastrophe. Denn das Regime ließ die fantastische historische Bausubstanz im Osten Deutschlands so systematisch verrotten, bis es fast zu spät war. Auch für Stralsund kam die Rettung in letzter Minute. Nach der Wende wurden fast 600 Häuser im Zentrum von Grund auf saniert, sodass Stralsund heute wieder fast so schön strahlt wie zu den glücklichsten Hansezeiten. Und das freut sogar die Arbeiter und Bauern aller Völker.

RÜGEN, NATIONALPARK JASMUND

Nur 30 Quadratkilometer ist der Nationalpark Jasmund im Norden Rügens groß, und trotzdem beherbergt er eine der bekanntesten Naturattraktionen Deutschlands: die Steilküste mit den Kreidefelsen.

Im Jahr 1792 wird der Theologe und Dichter Gotthard Ludwig Kosegarten auf die Pfarrstelle von Altenkirchen im Norden Rügens berufen. Weit mehr als für seine Schäfchen interessiert sich der sensible Gottesmann allerdings für die Insel, der er sofort in stürmischer Liebe verfällt. Zwei Jahre später erscheinen seine »Rhapsodien«, in denen er Rügen als Inbegriff einer schönen, herben, deutschen Landschaft verklärt und vor allem von den Kreidefelsen schwärmt. Ihr plötzlicher Anblick wirft Kosegartens Helden völlig aus der Bahn. »Verloren und verwildert«, kniet er vor dem überwältigenden Naturschauspiel nieder, »hinabgeschmettert ins Gefühl meines eigenen Nichts«.

RÜGEN, NATIONALPARK JASMUND

Mehr als hundert Meter ragen die Kreidefelsen an der Küste auf. Doch sie sind ein fragiler, ein vergänglicher Schatz. Immer wieder brechen große Teile ab und verschwinden für immer im Meer.

Von diesem Moment an war es um die Kreidefelsen auf der Halbinsel Jasmund geschehen. Denn dank Gotthard Ludwig Kosegarten wurden sie zur Herzkammer der deutschen Romantik, zu einem Ort, an dem sich empfindsame Menschen an der Großartigkeit der Natur berauschten und ihre Seele von den Schönheiten der Schöpfung in Wallung bringen ließen. Dann kam auch noch der Erzromantiker Caspar David Friedrich und malte 1818 die schneeweißen Kreidefelsen von Rügen. Spätestens seit diesem Gemälde sind sie eine deutsche Ikone, die für ihren Ruhm indes einen hohen Preis zahlen müssen: Sie werden von Verehrern geradezu überrannt.

RÜGEN, SEEBÄDER

»Nizza des Ostens«, »Biarritz des Nordens«, »Sorrent an der Ostsee«: Den Seebädern Rügens wird mit vielen Ehrentiteln geschmeichelt. Und die Kurpaläste wie hier in Sellin rechtfertigen jeden Vergleich.

Die deutschen Romantiker, die Rügen Ende des 18. Jahrhunderts zu ihrem irdischen Elysium erkoren, hofften inständig, dass die Insel auf immer ihr verwunschenes Idyll, ihr intimes Refugium, ihr ganz privates Traumland bleiben möge. Daraus sollte nichts werden. Denn schon bald mussten sich die Schwärmer ihre Lieblingsinsel mit anderen Besuchern teilen, die weniger romantisch veranlagt waren und eher das laute Vergnügen als die stille Eintracht mit der wilden Natur suchten. So wurde Rügen im 19. Jahrhundert mondän. Gleich fünf Seebäder entstanden im Südosten der Insel, schneeweiße Schlösser am Meeressaum. Sie zogen eine illustre Schar hochherrschaftlicher Kurgäste an, Adlige ebenso wie begüterte Bürgerliche, aber auch die Halbwelt, die hier vor allem in den Zwanzigerjahren gerne mit ihrem schmutzigen Geld um sich warf. In der DDR ging es dann wieder züchtig zu auf Rügen, das zum Traumziel der Werktätigen avancierte und in Schlagern besungen wurde. »In Binz auf Rügen, da ist der Kumpel zu Haus, in Binz auf Rügen ruht er sich aus.« Heute strahlen die Seebäder wieder im alten Glanz und verzichten auf ungebetene Gäste.

Die längste Strandpromenade Europas und zwei der eindrucksvollsten Seebrücken des Kontinents: das Kaiserbad Heringsdorf (großes Bild) und das Seebad Ahlbeck (unten).

Selbst Kaiser brauchen manchmal Urlaub. Wilhelm I. und Wilhelm II., ihres Zeichens Herrscher über das Deutsche Reich, machten da keine Ausnahme. Und da sie quasi von Berufs wegen Patrioten waren, verbrachten sie ihre Ferien natürlich nicht in Nizza oder Deauville, sondern am liebsten an der deutschen Ostseeküste – in drei mondänen Badeorten, die sich voller Stolz

bis heute »Kaiserbäder« nennen. Im kaiserlichen Windschatten kamen Ende des 19. und Anfang des 20. Jahrhunderts die Schönen, Reichen und Klugen nach Heringsdorf, Ahlbeck und Bansin auf der Insel Usedom, errichteten sich elegante Villen, flanierten die Promenaden entlang, schauten und ließen sich sehen und nahmen ab und zu sogar ein Bad im Meer, wenngleich eher widerwillig, weil Teint und Frisur darunter litten. Wie gut ein Aufenthalt in Ahlbeck und den anderen Kaiserbädern der Seele tat und tut, erfuhr auch Theodor Fontane. 1863 schrieb er: »Man hat Ruhe und frische Luft, und diese beiden Dinge wirken wie Wunder.« Kaiser gibt es in Deutschland schon lange nicht mehr. Doch ihr Vermächtnis wird in den drei Bädern auf Usedom liebevoll gehütet.

MECKLENBURGISCHE SCHWEIZ

Ein Königspalast wie an der Loire, der aber im Herzen von Mecklenburg-Vorpommern liegt: Schloss Güstrow gehört zu den prachtvollsten und imposantesten Bauten der Mecklenburgischen Schweiz.

Unter den Blinden ist der Einäugige ein König, sagt das Sprichwort, das sich in Mecklenburg-Vorpommern aufs Schönste bewahrheitet. So brettflach ist das Bundesland, dass schon ein paar Hügel ausreichen, um ihm hochalpine Ehrentitel zu verleihen. In der Nähe des Malchiner und Kummerower Sees haben die Gletscher der letzten Eiszeit eine Handvoll hundert Meter hoher Erhebungen zurückgelassen, die dieser Gegend den etwas pompösen Namen »Mecklenburgische Schweiz« eintrugen. Viel erinnert hier nicht an das Land der Viertausender, doch das macht nichts, denn dieses wunderbare Tableau aus Seen und Wäldern, Klöstern und Schlössern hat seinen eigenen Reiz.

MECKLENBURGISCHE SEENPLATTE

Ein Zwischenreich zwischen Wasser und Land, leuchtend in den Farben Grün und Blau: Nirgendwo in Europa gibt es auf so engem Raum so viele Gewässer wie in der Mecklenburgischen Seenplatte.

Der Mensch ist als Landlebewesen erschaffen worden. Auf dem Wasser ist er nur Gast und kann nur dank technischer Hilfsmittel in diesem Element überleben. Vielleicht üben gerade deswegen Meere und Seen eine solche Faszination auf die Menschen aus, die es immer wieder hinauszieht aufs Wasser. Ganz besonders unwiderstehlich ist der Reiz der Mecklenburgischen Seenplatte, denn hier kann man gefahrlos vom Land- zum Wasserwesen werden und sich dabei auch noch pudelwohl fühlen. Mehr als tausend Seen sind im Süden Mecklenburg-Vorpommerns und im Norden Brandenburgs in die Landschaft getupft und bilden das größte zusammenhängende Seengebiet Europas.

NATIONALPARK MÜRITZ

Mehr als 200 Vogelarten leben im Müritz-Nationalpark, dem größten aller deutschen Nationalparks. Darunter sind Kraniche, schwarze Störche und die winzigen, aber stimmgewaltigen Teichrohrsänger.

Als die DDR ihren endgültigen Untergang schon vor Augen hatte, beschloss sie, ausnahmsweise etwas Sinnvolles zu tun und Mensch und Natur wenigstens noch einen Gefallen zu erweisen. Eine der letzten Amtshandlungen der sozialistischen Regierung bestand darin, verschiedene Naturschutzgebiete auszuweisen, darunter den riesigen Müritz-Nationalpark im Süden Mecklenburg-Vorpommerns. Besonders pfleglich war die DDR mit dem Gebiet bis dahin nicht umgegangen. Das Politbüro nutzte es für seine Staatsjagden, die Nationale Volksarmee für Schießübungen, außerdem betrieb man hier Karpfenzuchten und eine Forstwirtschaft, die Kiefernwälder hinterlassen hat.

Mit etwas Glück kann man in dem mecklenburgischen Nationalpark auch einen Seeadler beobachten, wie er in den Seen seine Beute schlägt (großes Bild) oder im Schilf eine Rohrdommel entdecken (unten links).

Jetzt hat sich in dem Nationalpark alles dem Naturschutz unterzuordnen. Ganz allmählich ersetzen Buchen als natürliche Bewohner der Seenlandschaft die Kiefern, während die Rothirsche keine Flinte mehr fürchten müssen. Und weder Seeadler noch Fischadler, weder Teichrohrsänger noch Schwarzstorch werden von schießwütigen Militärs belästigt. Stattdessen ist der dumpfe, dröhnende Ruf der Rohrdommel zu hören, der diesem Reihervogel den Spitznamen »Moorochse« eingebracht hat. Vor allem in der Dämmerung ist sein Ruf am Ufer des Müritzsees zu hören, der mit einer Fläche von 117 Quadratkilometern der größte See ist, der vollständig auf deutschem Staatsgebiet liegt.

RHEINSBERG

Ein gutes Pflaster für das Glück: Nicht erst seit Kurt Tucholskys wunderbarer Liebeserzählung gilt Rheinsberg nördlich von Berlin als ein Ort, an dem das Leben leicht ist und alle Schicksalsnot fern.

Ein junges, unverheiratetes Paar, Claire und Wolf, fliehen vor der Eintönigkeit des wilhelminischen Berlins in ein brandenburgisches Städtchen, verbringen dort ein unbeschwertes Wochenende, necken sich und lieben sich, besuchen Schloss und Stadt, unternehmen Bootstouren auf den Seen, kehren dann nach Hause zurück, nach Berlin, wo »es wieder Mühen für sie gab, graue Tage und sehnsüchtige Telefongespräche, verschwiegene Nachmittage, Arbeit und das ganze Glück ihrer großen Liebe«. Das ist der Inhalt einer der schönsten Liebesgeschichten der deutschen Literatur, mit der Kurt Tucholsky 1911 Rheinsberg ein bezauberndes Denkmal setzte.

»Die glücklichste Zeit meines Lebens habe ich hier verbracht.« Zu dieser Erkenntnis kam kein Geringerer als König Friedrich II. von Preußen, der vier Jahre lang in Schloss Rheinsberg lebte.

»Rheinsberg: Ein Bilderbuch für Verliebte« heißt Tucholskys federleichte, vor Ironie und Zärtlichkeit nur so sprühende Erzählung, die einen autobiografischen Hintergrund hatte. Denn Tucholsky verbrachte selbst mit einer Freundin ein Turtelwochenende in der Stadt nördlich von Berlin, die freilich schon viele Jahre zuvor eine andere Berühmtheit mit Glück überhäuft hatte: 1736 schenkte der Preußenkönig Friedrich Wilhelm I. seinem Sohn, dem künftigen Friedrich II., Schloss Rheinsberg. Dieser verliebte sich sofort in das Anwesen und beschloss, hier zu leben. Vier sorglose Jahre verbrachte Friedrich in Rheinsberg, bis die Pflicht rief und er die Thronfolge antreten musste.

Im Uhrzeigersinn: die Marienkirche von Prenzlau in Backsteingotik, der seltene Eisvogel, Kulturhistorisches Museum im Kloster Prenzlau, Klosterruine Boitzenburg, Schiffshebewerk Niederfinow und ein Herbstwald.

»Ob du reisen sollst, so fragst du, reisen in der Mark? Wag' es getrost, und du wirst es nicht bereuen.« Diese Empfehlung, die Theodor Fontane in seinen »Wanderungen durch die Mark Brandenburg« gibt, hat auch nach 120 Jahren nichts von ihrer Überzeugungskraft und Gültigkeit verloren. Denn vor allem die Uckermark nördlich von Berlin ist eine der eigen- und urtümlichsten Landschaften im Osten Deutschlands, eine Welt aus Buchenwäldern, Getreidefeldern und Seen ohne Zahl, die ihre Besucher mit einer fast mystischen Stille empfängt. Hier sitzt man an den Ufern der Seen, blickt hinab in die stahlblaue Tiefe und rätselt über die Geheimnisse, die da verborgen sein könnten.

Seinen Namen durfte das heidnische Slawenvolk der Ukranen der Uckermark geben, seine Gottlosigkeit aber durfte es nicht behalten. Dafür sorgten die christliche Missionare in Klöstern wie Chorin.

Die Geologie hält allerdings eine nüchterne Erklärung dafür parat, warum die Uckermark mit Dutzenden von Seen gespickt ist wie mit göttlichen Augen: Für diese Landschaftskunst aus Erde und Wasser ist die letzte Eiszeit verantwortlich, deren Gletscher die Uckermark modellierten. Sie haben geschliffen und gefräst, Hügel aufgehäuft und Senken ausgegraben, und eben die vielen Seen, die sie mit ihrem Schmelzwasser füllten. Ein weiteres Relikt aus vergangenen Zeiten ist das Kloster Chorin aus dem Jahr 1258. Das ganze Ensemble gilt als einer der Höhepunkte norddeutscher Backsteingotik und verbindet den Baugedanken der Zisterzienser mit dem der Gotik.

NATIONALPARK UNTERES ODERTAL

Im Winter ein maritimes Reich für Biber und Vögel aller Art, im Sommer saftige Wiesen und Weiden für das Vieh: Das untere Odertal ist ohne Zweifel eine ganz außergewöhnliche Landschaft.

Die Oder hat einen schweren Stand unter den deutschen Flüssen. Sie sei, schrieb der schlesische Dichter Paul Keller wenig schmeichelhaft, »ein Bauernweib unter Großen und Edlen«, viel ärmer als die Elbe, viel weniger majestätisch als der Rhein, ohne eine glänzende Karriere in vielen Ländern wie die Donau. »Einen armen Tagelöhnerfluss, der es nie zu einer glänzenden Umgebung bringt«, nannte sogar der Schriftsteller Heinrich Laube die Oder. Einmal in ihrem unspektakulären Leben aber scheint sie alle Spötter zum Schweigen bringen zu wollen: im unteren Odertal, das seit 1995 als Nationalpark geschützt ist und zu den eindrücklichsten Landschaften Deutschlands gehört.

NATIONALPARK UNTERES ODERTAL

Schon Friedrich der Große versuchte, die Oder zu zähmen und sie schiffbar zu machen, verzweifelte aber am Eigensinn des Flusses, der immer wieder über die Ufer trat und die Menschen ins Unheil stürzte.

Um sich vor den ständigen Hochwassern der Oder zu schützen, hat man in unendlich mühevoller Arbeit Anfang des 20. Jahrhunderts eine riesige, in Deutschland einmalige Polderlandschaft geschaffen: Man zwängte den Fluss in mächtige Deiche, die aber immer im Herbst kontrolliert geöffnet werden und die Wiesen an beiden Ufern überfluten. Ist die Flut im Frühjahr zurückgegangen, schließt man die Deiche wieder. So ist ein Naturraum entstanden, der zweimal im Jahr sein Gesicht vollkommen verändert und zur Heimat einer ganz außergewöhnlichen Tierwelt geworden ist. Vor allem seltene Vogelarten wie Schwarzstörche oder Seggenrohrsänger fühlen sich hier wohl.

KLOSTER NEUZELLE

Gedrechselte Säulen, verschwenderische Holzschnitzereien, Ströme von Stuck und rauschende Blattgold-orgien: Im Kloster Neuzelle wähnt man sich eher im päpstlichen Italien als in der Niederlausitz.

Preußen ist ein strenges, asketisches Land, durch das immer noch der Geist der Soldatenkönige weht. Vor allem in seinem Kerngebiet Brandenburg erlaubt es sich keine Temperamentsausbrüche, führt stattdessen ein diszipliniertes Leben und errichtet seine Kirchen in der schlichten, wenn auch erhabenen Schmucklosigkeit der Backsteingotik. An einem einzigen Ort aber erlaubt sich

Preußen, das genaue Gegenteil seiner selbst zu sein: im Koster Neuzelle in der Niederlausitz, einer katholischen Enklave in einem bis ins Mark protestantischen Land. Zisterzienser waren es, die das Kloster im 13. Jahrhundert gründeten und zu einer ersten Blüte führten. Doch im Dreißigjährigen Krieg wurde das Stift schwer beschädigt. Und als hätten die Mönche von Neuzelle all der Trostlosigkeit des Lebens in jener gewalttätigen Epoche ein strahlendes Gegenbild entgegensetzen wollen, bauten sie ihr Kloster im opulentesten Barock wieder auf. Sie warfen mit Blattgold und Stuck nur so um sich, ließen himmlische Heerscharen von Putten und Engeln durch die Kirche fliegen und schufen so ein glitzerndes Kleinod inmitten der brandenburgischen Strenge.

Manieristische Deckenmalereien in der Kreuzkirche des Stifts: Nichts soll im Kloster an die Plagen und Mühen des irdischen Lebens erinnern, sondern alles an die Pracht und Herrlichkeit des Allmächtigen.

POTSDAM

Immigranten aus ganz Europa, vor allem Holländer und Hugenotten, die in Frankreich wegen ihres Glaubens verfolgt wurden, haben in Potsdam Spuren hinterlassen, so auch im berühmten Holländischen Viertel.

Potsdam ist eine janusköpfige Stadt. »Zwei Seelen wohnen, ach, in meiner Brust«, könnte sie mit Goethes Faust ausrufen. Allerdings hat sie das Glück, dass ihre beiden Seelen nicht miteinander streiten und sich nicht trennen wollen wie bei Goethes tragischem Helden. Das Militärische und das Künstlerische sind diese beiden Seiten der brandenburgischen Hauptstadt, die vom preußischen Soldatenkönig Friedrich Wilhelm I. zur bedeutendsten Garnison seines Reiches ausgebaut wurde. Sein Sohn Friedrich II. erhob Potsdam dann zur Residenz und gab seiner Lieblingsstadt mit Schloss Sanssouci und all den anderen Prachtbauten ein heiteres, kunstsinniges Gesicht.

Garnisonsstadt, Residenzstadt, Kulturstadt – im Uhrzeigersinn: Nikolaikirche, Glienicker Brücke, Hans-Otto-Theater, Friedenskirche im Park Sanssouci, Kirche St. Peter und Paul, russische Kolonie Alexandrowka.

Dank Friedrich II. wurde Potsdam zum Inbegriff eines Preußens, das eben nicht nur Kriege, sondern auch die schönen Künste wie Musik, Philosophie und Malerei im Sinn hatte. Gleichzeitig aber blieb Potsdam in allen Epochen ein bedeutender Militärstandort und Schauplatz der Kriegsgeschichte, nicht zuletzt wegen der Potsdamer Konferenz, mit der die Siegermächte des Zweiten Weltkriegs 1945 die Teilung Deutschlands in vier Besatzungszonen und letztlich in zwei Staaten beschlossen. Diese Konferenz fand im Cecilienhof statt, einem heimeligen Schlösschen, das heute zum Glück nur noch eine der beiden Potsdamer Seelen repräsentiert: die künstlerische.

SCHLOSS UND PARK SANSSOUCI

Die bekannteste Ansicht Preußens: Sechs Weinterrassen liegen vor Schloss Sanssouci in Potsdam, das sich Friedrich der Große als Wohnsitz im Stil des Rokoko, aber ohne jeden Pomp errichten ließ.

Am 13. Januar 1745 unterzeichnete der Preußenkönig Friedrich II. eine Kabinettsorder, mit der er den Bau eines »Lust-Hauses« in seiner Residenzstadt Potsdam verfügte. Unmoralisches hatte der Monarch dabei aber nicht im Sinn, ganz im Gegenteil: Da er ein bescheidener Mensch war, der jede Form von Protz verabscheute, wollte er sich ein Wohnschloss errichten lassen mit nicht mehr als einem Dutzend Zimmern, von denen er selbst nur fünf bewohnte – lächerlich wenig für einen Herrscher, dem der Ehrentitel »der Große« verliehen werden sollte. So begann die Geschichte des berühmtesten Schlosses Preußens, das bis heute Menschen aus aller Welt in seinen Bann schlägt.

Auf westlicher Seite des Parks Sanssouci erhebt sich ein mächtiger Repräsentationsbau: das Neue Palais. Friedrich der Große ließ es nach dem Siebenjährigen Krieg (1756–63) als Zeichen des Triumphs erbauen.

»Sanssouci«, ohne Sorge, so nannte der König sein Schloss, das er im Sommerhalbjahr bewohnte und komplett nach seinen eigenen Ideen gestaltete. Er mischte sich ständig in die Bauarbeiten ein, änderte unablässig die Pläne, brachte die Architekten fast zur Verzweiflung, schuf aber mit seiner Hartnäckigkeit ein Ensemble, in dem sich Natur und Kultur, Vegetation und Zivilisation, Gottes Schöpfung und des Menschen Werk die Hand reichen. Eine zentrale Rolle spielten dabei die Weinterrassen, die Friedrich mit Obst und Weinreben bepflanzen und in der warmen Jahreszeit mit Orangenbäumen in Kübeln schmücken ließ. Sie sind bis heute der Inbegriff von Sanssouci.

SPREEWALD

Welche Märchenwesen mögen hier wohnen? Wassernixen und Flussjungfrauen, Moorgeister und Sumpfhexen? Und wer mag im Wasserschloss Fürstlich Drehna in Luckau (kleines Bild) wohnen?

Jene Landschaften, in denen die Elemente Wasser und Erde fließend ineinander übergehen, haben immer eine mystische Aura, etwas Rätselhaftes und Unerklärliches, Geheimnisvolles und Verborgenes. Die Everglades in Florida sind eine solche Landschaft, die Millionen von Verzweigungen des Amazonas in Brasilien oder das Delta des Mekong in Vietnam. Auch in Deutschland

gibt es eine solche Landschaft der elementaren Unentschlossenheit: den Spreewald im Südosten von Brandenburg, in dem sich die Spree in viele kleine Adern auflöst, die wiederum durch Dutzende von Kanälen miteinander verbunden sind. Tausend Kilometer Wasserwege gibt es hier, die man mit einem Spreewaldkahn stakend erkunden kann, immer bezaubert Ausschau haltend.

Eine ganz eigene Lebensgeschwindigkeit findet man hier, die sich dem Fließrhythmus des Wassers angepasst zu haben scheint. Das Dasein ist im Spreewald kein reißender Strom mit Untiefen, sondern ein ruhiger Fluss, dem jedes Gehetztsein fremd ist. Wahrscheinlich kommen deswegen so viele Menschen so gerne: um die Schönheit der Langsamkeit zu entdecken.

Der Kahn ist das natürliche Transportmittel im Spreewald. Sogar der Briefträger trägt seine Post mit einem Boot aus und hinterlegt sie in Briefkästen, die einsam und verloren am Ufer stehen.

Herz und Seele der Berliner Republik: Der Reichstag mit seiner spektakulären Glaskuppel ist zum Emblem des wiedervereinten Deutschlands und zu einer der beliebtesten Attraktionen Berlins geworden.

Berlin ist eine Stadt, die niemanden gleichgültig lässt. Die meisten Menschen begeistert sie, verzaubert sie, schlägt sie in ihren Bann mit ihrer fatalistischen Leichtigkeit und unstillbaren Lebensgier. Manche aber verzweifeln an der Schnoddrigkeit der Berliner, an ihrem berüchtigten Humor und an ihrer standhaften Weigerung, wenigstens ein ganz klein wenig elegant zu sein. »Es lebt dort ein so verwegener Menschenschlag zusammen, dass man mit der Delikatesse nicht weit reicht, sondern dass man Haare auf den Zähnen haben und mitunter etwas grob sein muss, um sich über Wasser zu halten«, schrieb der einigermaßen entsetzte Großdichter Goethe über die Berliner.

Hier kann das gemeine Volk den Parlamentariern im Plenarsaal des Bundestages auf den Kopf schauen und im Wortsinne das sein, was es in jeder guten Demokratie sein sollte: der höchste Souverän.

Die Berliner haben ihre charakterlichen Eigentümlichkeiten schon immer mit großem Erfolg gepflegt und sich von niemandem beirren lassen. Ihnen war es gleichgültig, wenn man ihnen Provinzialität und Engstirnigkeit vorwarf, so wie der scharfzüngige Schriftsteller Kurt Tucholsky, der bitterböse meinte, dass der Horizont der Berliner längst nicht so groß sei wie ihre Stadt. Und sie sollten mit ihrer Starrköpfigkeit triumphal recht behalten. Heute ist Berlin nicht nur eine Trendsettermetropole ersten Ranges, nicht nur eines der populärsten Reiseziele der Welt, das jedes Jahr von Abermillionen Touristen überschwemmt wird, sondern auch die einzige Weltstadt Deutschlands.

BERLIN, BRANDENBURGER TOR

Deutschlands Sinnbild schlechthin: Die Siegesgöttin Viktoria thront triumphierend mit ihrer Quadriga auf dem Brandenburger Tor, das zwischen 1788 und 1791 im heutigen Herzen von Berlin errichtet wurde.

Wenn man die berühmteste Sehenswürdigkeit Deutschlands bestimmen müsste, das Bauwerk also, das jeder kennt, dann würde wohl das Brandenburger Tor gewinnen. Es ist das Wahrzeichen Berlins und ein Muss für alle Berlin-Touristen, ziert deutsche Euro-Münzen und steht an einem hoch symbolischen Ort: genau dort, wo einst die innerdeutsche Grenze verlief. Hier forderte der amerikanische Präsident Ronald Reagan einst den sowjetischen Führer Michail Gorbatschow in seiner Rede auf, die Mauer niederzureißen – was am 9. November 1989 dann tatsächlich geschah. Die Bilder der tanzenden Menschen auf der einstigen Todesmauer vor dem Brandenburger Tor gingen um die Welt, und das Tor wurde spätestens an diesem Tag zu einer Ikone.

Von der ursprünglichen, im Zweiten Weltkrieg zerstörten Quadriga blieb nur ein Pferdekopf übrig. Nach dem Mauerfall musste auch die Kopie restauriert werden – Übermütige hatten das Zaumzeug gestohlen.

BERLIN, GENDARMENMARKT

Eine der vornehmsten Adressen der Stadt: Der preußische König Friedrich I. ließ einst den Gendarmenmarkt anlegen, um den herum sich vor allem hugenottische Glaubensflüchtlinge niederließen.

Doch der Name des Gendarmenmarktes täuscht. Denn seine monumentalen Gebäude wie der Französische Dom, der Deutsche Dom und das Konzerthaus sind allein schönen und erhabenen Dingen verpflichtet.

BERLIN, MUSEUMSINSEL

Karl Friedrich Schinkel, der genialste Architekt Preußens, war auch bei der Gestaltung der Museumsinsel federführend. Seine elegante, unverwechselbare Handschrift prägt auch das Alte Museum.

Glücklich kann sich eine Stadt schätzen, die eine ganze Insel voller Kunstschätze allererster Güte besitzt, und das auch noch mitten in ihrem Zentrum. Berlin ist dieses Glück vergönnt: Der im wahrsten Sinne des Wortes schönste Grund, die deutsche Hauptstadt zu besuchen, ist ihre Museumsinsel. Kunstwerke aus allen Jahrtausenden der Menschheitsgeschichte drängen sich hier auf engstem Raum, Gemälde, Skulpturen und ganze Städte wie das alte Pergamon mit seinen fantastischen blauen Kachelreliefs. Hier kann man auf wenigen Hundert Quadratmetern durch die gesamte Kunstgeschichte flanieren und eine ästhetische Zeitreise unternehmen.

Moderne Ausstellungsästhetik im Neuen Museum, ein Reiterstandbild von Friedrich Wilhelm I. im Bode-Museum, Skulpturen in der Alten Nationalgalerie, die Lange Nacht der Museen im Pergamonmuseum.

Byzantinische Kunst kann man auf der Museumsinsel bewundern, die Hauptwerke des großen Romantikers Caspar David Friedrich, die Schätze der Römer und Etrusker, und dazu gibt es immer wieder grandiose Sonderausstellungen. Die ungekrönte Königin der Museumsinsel aber ist die schönste Frau der Kunstgeschichte: Nofretete. Jedes Wort, das man über ihre Anmut jemals gelesen hat, und sei es auch das begeistertste, schwärmerischste, verblasst sofort, wenn man vor dieser unfassbaren Büste steht. Nofretete ist so schön, so vollkommen, so unübertrefflich, so wunderbar, dass einem fast die Tränen kommen und jede Mona Lisa neben ihr zur Dienstmagd wird.

BERLIN, REGIERUNGSVIERTEL

Die beiden emblematischsten Gebäude des Berliner Regierungsviertels: der Reichstag und das Bundeskanzleramt, das Helmut Kohl in Auftrag gab und Gerhard Schröder als erster Regierungschef bezog.

Es ist eine hohe Kunst, Größe und Bescheidenheit miteinander zu verbinden. Den Architekten Axel Schultes und Charlotte Frank ist das beim Bundeskanzleramt in Berlin meisterhaft gelungen. Sie haben den größten Amtssitz eines Regierungschefs geschaffen, den es auf der gesamten Welt gibt, ein kolossales Gebäude, das achtmal so groß ist wie das Weiße Haus in Washington, der Sitz der mächtigsten Person der Welt. Und trotzdem wirkt das Kanzleramt weder protzig noch pompös, es ist keine anmaßende Machtdemonstration und keine einschüchternde Trutzburg, sondern ein lichter, fast schwebender Bau aus Glas und Beton. Hier wohnt kein absoluter Herrscher, hier residiert der erste Diener des Staates – so lautet die Botschaft dieses Gebäudes.

Als der Bundestag von Bonn nach Berlin zog, gab es Bedenken gegen den Reichstag als Domizil der Parlamentarier. Doch die Schatten der Geschichte hat Norman Fosters Glaskuppel elegant vertrieben.

Gegenüber dem Kanzleramt liegt der Reichstag, der eine deutlich turbulentere und kompliziertere Geschichte hinter sich hat. Ende des 19. Jahrhunderts wurde er von Paul Wallot im neoklassizistischen Stil entworfen, fand aber nicht das Wohlwollen des Kaisers. Wilhelm II. nannte den Sitz des deutschen Parlaments den »Gipfel der Geschmacklosigkeit« und verunglimpfte ihn als »Reichsaffenhaus«. In der Nazi-Diktatur brannte er nieder, im Zweiten Weltkrieg wurde er schwer zerstört, danach notdürftig aufgebaut und nach dem Mauerfall aufwendig restauriert – mit Sir Norman Fosters Glaskuppel als strahlender Krone. Heute ist aus der schwierigen Vergangenheit des Reichstags ein Symbol für den Erfolg der deutschen Demokratie geworden.

DIE MAUER

Gott sei Dank Vergangenheit: Panzer am Checkpoint Charlie, ein Blick nach »drüben«, der am 17. August 1962 von Grenzschützern erschossene Peter Fechter (links, von oben).

Am 15. Juni 1961 gab Walter Ulbricht, der Staatsratsvorsitzende der DDR, eine Pressekonferenz, auf der er zu den Gerüchten befragt wurde, sein Regime plane den Bau einer Mauer zwischen den beiden deutschen Staaten. Ulbricht antwortete mit dem berühmt gewordenen Satz: »Niemand hat die Absicht, eine Mauer zu errichten.« Am 13. August 1961, keine zwei Monate später, tat

die DDR genau das: Sie sperrte ihre eigene Bevölkerung mit einer mörderischen Grenzbefestigung ein. 28 Jahre lang sollte die Mauer, die im Laufe der Zeit immer perfider perfektioniert wurde, das Symbol des Kalten Krieges sein. Und am markantesten zeigte sie ihre Fratze in der geteilten Stadt Berlin. Viele Menschen starben bei dem Versuch, in den Westen zu fliehen. Die Zahl schwankt zwischen 130 und 240. Und es war eine schöne Ironie der Geschichte, dass wieder eine Pressekonferenz eine entscheidende Rolle in der Geschichte der Mauer spielte: Günter Schabowski gab sie am 9. November 1989, verkündete Reiseerleichterungen für die DDR-Bürger und drückte sich dabei so missverständlich aus, dass noch in derselben Nacht die Mauer gestürmt wurde.

Das längste erhaltene Stück Berliner Mauer: Die East Side Gallery im Südosten der Stadt zeigt auf mehr als einem Kilometer Länge Mauerfragmente, die von Künstlern aus aller Welt bemalt wurden.

Nach dem Fall der Mauer waren die Berliner ihrer so überdrüssig, dass sie fast alle Spuren der Grenzanlage beseitigten. Sie wollten sie am liebsten auch aus ihrer Erinnerung tilgen. Doch bevor die Mauer verschwand, wurde man sich zum Glück bewusst, dass man sie als historisches Monument zumindest in Fragmenten erhalten musste. So richtete man im Berliner Bezirk Friedrichs-

hain die East Side Gallery ein. Auf 1,3 Kilometer Länge stehen Mauersegmente, die von mehr als hundert Künstlern aus 21 Ländern bunt bemalt wurden. Das berühmteste Motiv ist der Bruderkuss zwischen Erich Honecker und Leonid Breschnew. Heute ist die East Side Gallery eine beliebte Touristenattraktion. Vom einstigen Schrecken der Mauer aber ist hier nichts mehr zu spüren.

BERLIN, POTSDAMER PLATZ

Von der Brache zum Filetstück: Am Potsdamer Platz mitten in Berlin erinnert heute nichts mehr an die düstere Vergangenheit, als die Mauer diesen Ort schmerzhaft zerschnitt und veröden ließ.

Kein anderer Ort verkörpert so stark die dramatische Geschichte Berlins wie der Potsdamer Platz. Im ersten Drittel des 20. Jahrhunderts war er die Herzkammer der Stadt, einer der verkehrsreichsten Plätze Europas, das Sinnbild für das pulsierende Berlin der 1920er-Jahre. Im Zweiten Weltkrieg wurde er weitgehend zerstört, die deutsche Teilung machte ihn dann zu einem trostlosen Nie-

mandsland inmitten der Metropole. Doch die Brache verwandelte sich mit dem Mauerfall fast über Nacht vom Aschenputtel zur Prinzessin. Plötzlich war der Potsdamer Platz wieder das Zentrum der Stadt, der neuralgische Punkt zwischen Ost und West. Die berühmtesten Architekten der Welt bebauten den Platz, der heute wieder das ist, was er früher war – ein Lebensmittelpunkt.

Heute drängelt sich hier spektakuläre Architektur. Weltfirmen wie Daimler und Sony haben sich am Potsdamer Platz niedergelassen, während Kinos, Kneipen, Restaurants und Hotels für Leben sorgen.

Eines der berühmtesten und prägnantesten Gebäude der modernen Architekturgeschichte: Ludwig Mies van der Rohes Neue Nationalgalerie am Berliner Kulturforum ist ein Wunder an zeitloser Eleganz.

Berlin besitzt so viele großartige Museen, Kunsthallen und Ausstellungsräume, dass es fast schon ketzerisch wäre, das oder die schönste unter ihnen wählen zu wollen. Ist es das fantastische Pergamonmuseum? Sind es die spektakulären Sammlungen ethnografischer Kunst? Wer kann mit den den Fresken der Casa Bartholdy (rechts) konkurrieren und es gar wagen, die wunder-

bare Nofretete überragen zu wollen? Und doch gibt es für viele Kenner ein Museum, das wegen seiner grandiosen Architektur alle anderen übertrifft: die Neue Nationalgalerie am Kulturforum im Bezirk Tiergarten. Sie wurde von Ludwig Mies van der Rohe entworfen, einem der berühmtesten Architekten des 20. Jahrhunderts, und gilt als Ikone der modernen Architekturgeschichte.

Dabei ist die Idee ganz simpel: Auf einer nahezu quadratischen Granitterrasse steht ein quadratischer Kubus mit einem quadratischen Dach von 65 Meter Kantenlänge, das sieben Meter weit überkragt und dem Bau dadurch eine fast überirdische Leichtigkeit verleiht. Seinen ganzen Zauber entfaltet er aber erst im Inneren, denn keine Stütze trübt hier den überwältigenden Raumeindruck.

Die Qual der Wahl: ein Stück in der Volksbühne, im Theater des Westens oder im Maxim-Gorki-Theater (Bildleiste von oben), ein Konzert in der Philharmonie (unten) oder im Theater am Schiffbauerdamm (großes Bild)?

Was wäre Berlin ohne seine Theater, Opern und Konzerthäuser? Undenkbar! Und viel ärmer! Berlin ist schon immer eine Stadt der Bühnen gewesen, der einzige Ort in Deutschland, der sich gleich drei Opernhäuser von Weltrang leistet, die Heimat eines der besten Symphonieorchesters der Welt ist und eine Theaterlandschaft besitzt, mit der allenfalls Paris, London und New

York konkurrieren können. In Berlin ist mehr als einmal Theater- und Operngeschichte geschrieben worden, die größten Regisseure, Sänger, Dirigenten und Schauspieler haben hier gewirkt und treten bis heute an der Spree auf. Von Max Reinhardt über Tilla Durieux bis zu Peter Stein und Daniel Barenboim lässt sich der Bogen spannen. Bertolt Brecht hatte in Berlin sein eigenes Theater, die Schaubühne am Lehniner Platz galt über Jahrzehnte als bestes deutschsprachiges Schauspielhaus, die Premieren an der Volksbühne sind immer spektakuläre Kunstereignisse. Und wem das alles noch nicht genug ist, der muss nicht darben. Denn ebenso berühmt wie für seine arrivierten Bühnen ist Berlin für seine Off-Theater, die vor keiner Provokation zurückschrecken.

BERLIN, KURFÜRSTENDAMM

Ku'damm nennen die notorisch schnoddrigen Berliner ihren Prachtboulevard Kurfürstendamm, an dessen Ende die Gedächtniskirche steht. Diese Verkürzung ist indes liebevoll, nicht spöttisch gemeint.

Das hätte sich Kurfürst Joachim II. bestimmt nicht träumen lassen, als er im Jahr 1542 einen Dammweg zu seinem Jagdschloss im Grunewald anlegen ließ: dass dieser Pfad eines Tages zu einer der berühmtesten Straßen Berlins werden sollte. Bis dahin war es allerdings ein weiter Weg. Erst als Fürst Bismarck beschloss, den Kurfürstendamm zu einem Prachtboulevard ausbauen zu lassen, nahm die Karriere dieser Straße ihren Lauf. Am 5. Mai 1886 wurde der Boulevard feierlich eröffnet und avancierte schnell zur beliebten Pulsader des westlichen Berlin. Seinen Glanz verlor der Kurfürstendamm auch nach der deutschen Teilung nicht. Heute indes muss er sich seinen Ruhm wieder mit den vornehmen Schwestern im Osten teilen.

BERLIN, SCHLOSS CHARLOTTENBURG

Barocke Pracht im bürgerlichen Charlottenburg: Das Schloss von Königin Sophie Charlotte strahlt bis heute so schön, als residiere die Monarchin noch immer dort. Dabei war ihr das nur kurze Zeit vergönnt.

König Friedrich I. muss seine Gemahlin sehr geliebt haben. Nicht nur, dass er ihr eine prachtvolle Sommerresidenz vor den Toren der Stadt spendierte. Er benannte auch das Schloss nach seiner Frau Sophie Charlotte von Hannover und nach deren frühen Tod 1705 den ganzen Stadtteil nach ihr. Bis heute trägt Charlottenburg den Namen der kunstsinnigen Königin. Seine größte Zeit

erlebte das Schloss unter Friedrich dem Großen, der es zu seinem Wohnsitz und zu einem Hort der Kunst machte. Doch das Glück währte nicht lange, denn der Alte Fritz erkor bald Sanssouci zu seinem neuen Lieblingsschloss. Fortan sollte der barocke Prachtbau in Charlottenburg ein Schattendasein fristen. Und ein wenig von dieser Melancholie umweht es bis heute.

DEUTSCHLANDS MITTE

Die Mitte ist nicht das Zentrum. Dieser widersinnig klingende Satz trifft auf Deutschland zu, weil im Gegensatz zu zentralistischen Staaten in seiner Mitte keine große Stadt wie eine gierige Spinne im Netz liegt. Stattdessen haben sich die Metropolen an den Rand verkrochen, sodass im Zentrum viel Platz für die Schönheiten der Genügsamkeit bleibt. Hier findet man fantastische Märchenwasserschlösser und uralte Städte, deren Wurzeln bis in die Römerzeit zurückreichen, dunkle Wälder, in denen einst die Geister hausten, und lichte Städte wie Düsseldorf, die ganz der Zukunft zugewandt sind.

MÜNSTER

Im Jahr 1648 beendete der Westfälische Friede, der in Münster und Osnabrück geschlossen wurde, die Schrecken des Dreißigjährigen Krieges. Der Prinzipalmarkt wirkt als Dokument zur Geschichte der Stadt.

Die meisten Deutschen haben eine klare Vorstellung von Münster, selbst wenn sie noch nie in dieser Stadt gewesen sind. Das ist vor allem ein Verdienst des »Tatort« mit den beliebten Schauspielern Axel Prahl und Jan Josef Liefers, der die Hauptstadt des Münsterlandes fest in den Köpfen der Deutschen verankert hat. Eine Szene wiederholt sich dabei immer wieder: der radelnde Kommissar, der so selbstverständlich mit seinem Drahtesel zum Einsatz fährt wie andernorts seine Kollegen mit Blaulicht. Das ist kein Klischee, sondern nichts als die Wahrheit. Denn Münster ist tatsächlich die deutsche Fahrradparadestadt und Fahrradfahrerparadiesstadt schlechthin.

MÜNSTERLAND, WASSERSCHLÖSSER

Wie ein ehrfürchtiger Spiegel liegt der künstliche See vor dem Wasserschloss Nordkirchen. Von oben: Schloss Lembeck in Dorsten, Burg Vischering in Lüdinghausen, Schloss Raesfeld und Burg Hülshoff.

Die Adligen des Münsterlandes hatten ein Problem: Sie wollten sich gerne repräsentative und möglichst auffällige Residenzen bauen, hatten in ihrer Heimat aber keine Hügel, auf denen sie ihre Schlösser errichten konnten, sodass sie jedermann schon von Weitem sehen möge. Also verfielen sie auf einen Trick: Sie umgaben ihre Schlösser mit breiten Gräben aus Wasser. Wenn man sich heute den mehr als hundert Wasserschlössern des Münsterlandes nähert, spürt man sofort, wie gut dieser Trick aufgegangen ist. Denn dank des Wassers empfindet man unwillkürlich Ehrfurcht und Respekt vor den Schlössern, die einen ganz anderen Auftritt haben, als lägen sie inmitten einer Wiese.

RUHRGEBIET, »KOHLE UND STAHL«

Trotz allen Strukturwandels und trotz aller Zechenschließungen ist das Ruhrgebiet immer noch eine Region, in der die Schlote rauchen, so wie in der Kokerei Schwelgern in Duisburg.

Kein anderer Ort in Deutschland – vielleicht mit Ausnahme von Berlin – hat in so kurzer Zeit so viel durchlebt und durchlitten, so viele Häutungen und Metamorphosen erfahren wie das Ruhrgebiet. Ende des 18. Jahrhunderts grasten hier noch friedlich die Kühe an den Ufern von Ruhr und Emscher und ahnten genauso wenig wie die Bauern, worauf sie standen: auf Kohle, jenem Stoff, der die Industrialisierung Deutschlands befeuern sollte. Ein paar Jahrzehnte später schon sollte man das Ruhrgebiet nicht mehr wiedererkennen. Zechen, Eisenhütten und Stahlwerke waren an die Stelle von Ackerbau und Viehzucht getreten und neue Städte wie Pilze aus dem Boden geschossen.

Die Zeiten allerdings, in denen man bei bestimmten Windrichtungen ganz schnell die Wäsche von der Leine holen musste, weil sie der Kohlestaub sonst schwarz gefärbt hätte, sind zum Glück vorbei.

DORTMUND

Im Uhrzeigersinn: Hansaplatz mit Propsteikirche, Zeche Zollern II, das Konzerthaus außen und innen, Borussia-Dortmund-Fans in der Südkurve und die denkmalgeschützte Immanuel-Kirche im Stadtteil Marten.

In Dortmund ist man sich nicht ganz einig darüber, wann die Geschichte der Stadt begann. Im späten neunten Jahrhundert, sagen die Historiker, wurde Dortmund zum ersten Mal erwähnt, im Jahr 990 ist dann von den Dortmunder Marktrechten die Rede. Für manche war das alles nur ein Vorgeplänkel und das entscheidende Datum 1293. Denn in diesem Jahr wurde der Stadt das Braurecht verliehen, fortan konnte das Dortmunder Nationalgetränk in Eigenregie hergestellt werden. Die meisten aber halten 1909 für die mit Abstand einschneidendste Zäsur in der Stadtgeschichte und den eigentlichen Beginn des Dortmunder Seins. Es ist jenes mythische Jahr, in dem der Fußballverein Borussia Dortmund gegründet wurde. Seither verkörpert er wie nichts sonst Dortmunds Seele und Tugenden: Ehrlichkeit und Unbeugsamkeit, aber auch Leidensfähigkeit. Triumphe hat dieser große Verein gefeiert, deutsche Meisterschaften und Pokalsiege, auch den Europapokal der Pokalsieger und die Champions League hat man gewonnen und dabei nie die Bodenhaftung verloren. Denn ohne Dortmund wäre die Borussia nichts – und umgekehrt.

Die Erbschaften des Industriezeitalters werden aber trotzdem bis heute liebevoll gepflegt, so wie in der Zeche Zollern, dieser Kathedrale der Schwerindustrie mit ihren herrlichen Jugendstilportalen.

Erst 1988 wurde der Gasometer in Oberhausen stillgelegt, in dem bis dahin Gas für die Hochöfen der Gutehoffnungshütte zwischengespeichert wurde. Heute ist es ein Hort von Kunst und Design.

Kann ein Hochofen ein Denkmal sein, ein Gasometer ein Kunstwerk, ein Förderturm ein Mahnmal? Was andernorts ein absurder Gedanke wäre, wird im Ruhrgebiet mit der größten Selbstverständlichkeit bejaht. Seine hundertfünfzigjährige Geschichte als Herzkammer der deutschen Schwerindustrie hat die Region so sehr verinnerlicht, dass es die Menschen gar nicht übers Herz brächten, ihr industrielles Erbe herzlos und ohne Wimpernzucken einfach abzureißen. Stattdessen hat man es saniert, in Museen, Galerien, Erlebnisräume umgewidmet und zu einer 400 Kilometer langen »Route der Industriekultur« zusammengeschnürt, die man auch mit dem Fahrrad absolvieren kann.

Im Uhrzeigersinn: Totems der Halde Haniel, Wassermuseum Aquarius in Mülheim an der Ruhr, Jahrhunderthalle Bochum, Kulturhistorisches Museum Duisburg, August-Thyssen-Hütte, Bergbaumuseum in Bochum.

Wie Perlen sind an dieser Route die schönsten Beispiele der ruhmreichen Malocher-Geschichte des Ruhrgebiets aufgereiht. Da gibt es den Zollverein, der bis zu seiner Stilllegung 1986 als schönste Zeche der Welt galt. Früher wurden hier 12 000 Tonnen Kohle pro Tag gefördert, heute findet man im Zollverein unter anderem die größte Ausstellung für zeitgenössisches Design weltweit. Aus dem Schiffshebewerk in Henrichenburg wurde das Westfälische Industriemuseum, der Gasometer in Oberhausen, der einst als Gaszwischenspeicher diente, ist heute die weitläufigste Ausstellungshalle Europas, mit der unter anderem der Verhüllungskünstler Christo eine Plattform hat.

DUISBURG

Schon im Mittelalter war Duisburg dank seiner günstigen Lage an der Mündung der Ruhr in den Rhein ein bedeutender Handelsort. Davon profitiert die Stadt bis heute, etwa mit ihrem riesigen Binnenhafen.

Man darf sich von der Erfolgsgeschichte des Strukturwandels nicht täuschen lassen: Im Ruhrgebiet wird immer noch Stahl gekocht, und zwar intensiv. Alle sieben noch funktionierenden Hochöfen des Ruhrgebiets stehen hier, die Hälfte allen Roheisens in Deutschland wird in Duisburg produziert, einen bedeutenderen Standort für die Stahlproduktion gibt es nirgendwo in Mittel-

europa. Und der größte Binnenhafen der Welt befindet sich ebenfalls in der Stadt, an der die Ruhr in den Rhein mündet. Doch es stimmt auch, dass von der alten Herrlichkeit wenig geblieben ist. So arbeiten heute insgesamt viermal weniger Menschen in der Stahlindustrie als zu Wirtschaftswunderzeiten. Und die guten alten Zeiten werden niemals zurückkehren.

So schön kann Industriearchitektur sein: Die Zeche Zollverein gilt als eines der eindrucksvollsten Steinkohlebergwerke Europas – und wurde auch deswegen von der UNESCO zum Welterbe geadelt.

Essen ist die überraschendste Stadt des Ruhrgebiets. Natürlich gibt es hier alles, was für die Region typisch ist, imposante Industriedenkmäler, himmelhohe Hochöfen und all die Verwerfungen im Zuge des Niedergangs von Stahl und Kohle. Doch gleichzeitig findet man hier so viel Verblüffendes, dass man sich nur erstaunt fragen kann, ob man sich wirklich mitten im Ruhrgebiet befindet. So hütet der Domschatz des Essener Münsters eine Kostbarkeit sondergleichen, die »Goldene Madonna« aus der Zeit vor der ersten Jahrtausendwende; es ist die erste Vollplastik einer Muttergottes, die nördlich der Alpen entstand. Nicht minder spektakulär ist die Sammlung moderner Kunst des Museums Folkwang. Die vielleicht eigentümlichste Essener Sehenswürdigkeit ist die Villa Hügel, die sich der Großindustrielle Alfred Krupp von 1870 bis 1872 erbauen ließ: ein Palast mit 269 Räumen und 8000 Quadratmeter Wohnfläche, der die ganze Macht der Ruhrbarone symbolisiert. Und gleich dahinter – schon wieder eine Essener Überraschung – beginnt ein lauschiges Flusstal, das man eher in einem Mittelgebirge vermuten würde als im Herzen des Ruhrgebiets.

DÜSSELDORF

Eines der spektakulärsten Bauwerke Düsseldorfs ist zweifellos der von Frank O. Gehry erbaute Zollhof mit den heraustretenden Zargenfenstern.

Düsseldorf ist eine Exotin, jedenfalls an Rhein und Ruhr. Die Stadt riecht nicht nach Schweiß wie die Malochermetropole Duisburg. Ihr stecken weder Kohle noch Staub in den Genen wie Dortmund oder Bochum. Und sie muss auch nicht die Last von 2000 Jahren Geschichte samt mittelalterlicher Enge mit sich herumschleppen wie Köln. Die Modernität und Noblesse Düsseldorfs fielen schon den Reisenden des 19. Jahrhunderts auf. Einer von ihnen, der Dichter Carl Julius Weber, schrieb: »Das heitere Düsseldorf gefällt doppelt, wenn man aus dem finsteren Köln herkommt.« Und auch Heinrich Heine, der berühmteste Sohn der Stadt, verlebte hier eine unbeschwerte Kindheit.

DÜSSELDORF

Modern, innovativ und trotzdem gemütlich: Dieser Spagat gelingt Düsseldorf auf beeindruckende Weise. Ob am Medienhafen (links) oder in den Einkaufspassagen Kö-Galerie und Sevens (Mitte).

Gearbeitet wurde in Düsseldorf allerdings schon immer hart, nur eben anders als in den Nachbarstädten. »Den Schreibtisch des Ruhrgebiets« nannte man Düsseldorf, weil sich hier die Verwaltungen und Firmenzentralen, die Banken und die Börse niederließen. Es ist zudem eine Stadt der Mode und Kultur, und ein internationaler Messestandort. Richtig mondän geht es auf der Königsallee, der »Kö«, mit ihren exklusiven Modeboutiquen zu. Rheinische Ausgelassenheit lässt sich in den Kneipen und Brauhäusern der Altstadt bei einem Glas Altbier erleben, ganz zu schweigen vom Karneval. Daneben hat Düsseldorf auch einen Ruf als bedeutende Kunst- und Kulturstadt.

KÖLN

»Sancta Colonia Dei Gratia Romanae Ecclesiae Fidelis Filia« – Heiliges Köln von Gottes Gnaden, getreue Tochter der Römischen Kirche: So lautet seit dem 12. Jahrhundert der offizielle Name Kölns.

Köln muss man einfach mögen. Wer nichts mit dieser großartigen Stadt anzufangen weiß, ist entweder ein Griesgram oder Spaßverderber oder Menschenfeind, also das Gegenteil von all dem, was Köln ist: lebenslustig, frohsinnsbesessen und wunderbar fatalistisch. Das schlägt sich auch in den Hunderten von Lebensweisheiten nieder, die der Volksmund im Lauf der Zeit geprägt hat. Für jede Schicksalslage hat der Kölner den passenden Spruch parat. Er lebt nach dem Motto »Leever rich un jesund als ärm und krank« – lieber reich und gesund als arm und krank –, und ist dabei die Großzügigkeit in Person: »Man möht och jünne künne«, man muss auch gönnen können.

Die Königin der Kölner Brücken ist die Hohenzollernbrücke. Die Eisenbahnbrücke ist auf den Dom ausgerichtet und beschert Zugreisenden einen einmaligen Blick.

Eine Stadt, die so viel erlebt hat wie Köln, kann wahrscheinlich gar nicht anders, als gelassen, lebensklug und innerlich heiter zu werden. Vor 2000 Jahren wurde das römische Colonia gegründet, im Mittelalter war es die größte deutsche Metropole, mit dem himmlischen Jerusalem wurde es verglichen und von den Kriegen immer wieder schwer gezeichnet. Und was machen die Kölner? Sie haben einfach Spaß: »Jedem Dierche sin Pläsirche«, jedem Tierchen sein Vergnügen, sagen sie gerne, wenn sie wieder einmal über die Stränge schlagen. Und wenn das Schicksal sie ganz besonders grausam trifft: »Besser en Plaat als jar kein Hoor« – lieber eine Glatze als gar keine Haare.

KÖLNER DOM

Kölner Größen: Die mächtigen Doppeltürme des Kölner Doms dominieren die Silhouette der Altstadt, Blick ins Kirchenschiff mit den hohen Gewölben, die St. Petersglocke ist die Hauptglocke des Doms.

Man kann sich dieses bizarre Bild kaum vorstellen: 600 Jahre lang erhob sich mitten in Köln, an der prominentesten Stelle der Stadt, die größte Bauruine Europas: der Torso einer der gewaltigsten gotischen Kathedralen, die jemals errichtet worden ist. Im 13. Jahrhundert wurde mit dem Bau des Kölner Doms begonnen, im 16. Jahrhundert fehlten dann Mittel und Wille, das Gotteshaus zu vollenden. Und erst im 19. Jahrhundert erbarmte man sich, aus der Ruine eine strahlende Kathedrale zu machen. Die Kölner hatten sich da längst an ihren unfertigen Dom gewöhnt und das scherzhafte Wort geprägt, dass die Welt in dem Moment untergehe, in dem ihre Kirche fertiggestellt sei.

Nicht nur von außen ist der 157 Meter hohe Dom eine imposante Erscheinung, die zur Gottesfurcht zwingt. Auch seine Innenausstattung mit den Altären von Stephan Lochner verschlägt den Besuchern die Sprache.

Als es im Jahr 1880 endlich soweit war und der Kölner Dom vollendet wurde, sollte sich die Prophezeiung vom Weltuntergang nicht bewahrheiten. Stattdessen konnten sich die Kölner an einem Bauwerk der Superlative erfreuen, das zeitweise das höchste Gebäude der Welt war, immer noch das dritthöchste Gotteshaus der Erde und außerdem mit mehr als sechs Millionen Gästen die beliebteste Touristenattraktion Deutschlands ist. Die Besucher erleben den Kölner Dom als sakrales Gesamtkunstwerk, dem etwas Unglaubliches gelingt: Trotz seiner langen Bauzeit wirkt er wie aus einem Guss. Und niemand erkennt mehr, dass dieses Gotteshaus 600 Jahre lang als Ruine darbte.

KÖLN, ROMANISCHE KIRCHEN

An grandiosen Kirchen wie St. Gereon besteht in Köln gewiss kein Mangel (große Bilder). St. Aposteln ist eine von zwölf großen romanischen Basiliken der Stadt Köln (kleines Bild).

Keine andere Stadt in Deutschland konnte es im Mittelalter an Größe und Bedeutung mit Köln aufnehmen. 40 000 Menschen lebten zu den Glanzzeiten in der Metropole am Rhein, deren Erzbischöfe nicht nur in geistigen, sondern fast mehr noch in weltlichen Dingen wie der Kaiserwahl eine machtvolle Rolle spielten. Da ist es kein Wunder, dass in Köln neben dem berühmten Dom

eine ganze Heerschar weiterer Kirchen entstand, die es an Pracht und Glanz zwar nicht mit dem gewaltigen Gotteshaus aufnehmen können, aber sich auch keineswegs verstecken müssen – so wie die romanische Kirche St. Aposteln, die sogar noch älter ist als der Dom und außerdem viel früher vollendet war. Der überkuppelte Chor in Kleeblattform ist das Glanzstück von St. Aposteln, die als schönste aller romanischen Kirchen Kölns gilt und trotzdem fast dem Verfall preisgegeben worden wäre. Nicht weniger imposant ist die romanische Basilika St. Gereon, die schon im sechsten Jahrhundert erwähnt wurde und damit zu den ältesten Kirchen in Deutschland gehört. Die Legende sagt, dass sie auf dem Grab des heiligen Gereon errichtet wurde.

KÖLN, MUSEEN

Alle Epochen des menschlichen Kunstschaffens kann man in Köln bestaunen, von den Skulpturen der Römer über die Madonnenbilder des Mittelalters bis zu den Abstraktionen der Gegenwartskunst.

Zwei Jahrtausende ist die Geschichte Kölns alt. Das ist eine Menge Erblast und fordert zwingend ein Gegengewicht. Deswegen ist die Stadt zum wichtigsten deutschen Zentrum für moderne und zeitgenössische Kunst geworden, dank seiner Galerien, seiner Messen und vor allem dank zweier Museen von Weltruf: dem Museum Ludwig und dem Wallraf-Museum. Im Jahr 1976 schenkte der

Unternehmer Peter Ludwig 350 Werke aus seiner Sammlung der Stadt, die im Gegenzug die Errichtung eines eigenen Museums versprach (links). Nach weiteren Schenkungen verfügt es heute unter anderem über Dutzende Meisterwerke des Expressionismus und über die größte Sammlung von Pop Art außerhalb Amerikas. Das Wallraf-Museum wiederum beherbergt neben mittelalterlicher Malerei auch die umfangreichste Kollektion impressionistischer Kunst in Deutschland. Doch da die Geschichte in Köln so schwer wiegt, hat man natürlich auch ihr zu Ehren Museen eingerichtet – wie das Römisch-Germanische Museum mit den Hinterlassenschaften aus der frühesten Kölner Zeit. Und so finden sich Geschichte und Gegenwart der Stadt friedlich vereint.

BRÜHL

Ein Garten wie manikürt, gestutzt zu Kunstwerken und Skulpturen aus Blättern und Ästen: Der Manierismus des Barock hat sich in den Schlossanlagen von Brühl ein wunderbares Denkmal geschaffen.

Natürlich ist Versailles das Nonplusultra ultimativer barocker Prachtentfaltung. Aber auch die Deutschen können Barock, zwar nicht ganz so opulent, aber immer noch höchst eindrucksvoll. Eines der schönsten Beispiele einer barocken Schloss- und Gartenanlage sind Augustusburg und Falkenlust in Brühl bei Köln. Der Kölner Erzbischof Clemens August, der nicht gerade ein Mann

von gottgefälliger Bescheidenheit und eremitischer Askese war, ließ sich hier zwei fantastische Residenzen errichten, engagierte zu diesem Zweck die größten Baumeister, Gartenarchitekten und Maler seiner Zeit wie Balthasar Neumann, Francois de Cuvilliés und Carlo Carlone und schuf so ein Ensemble, in dem man bis heute lustwandeln kann wie ein kleiner Sonnenkönig.

Dem größten Sohn der Stadt gebührt das mächtigste Denkmal: Ludwig van Beethoven. Die weiteren Größen der Stadt heißen Kunst und Politik, wie das Konrad-Adenauer-Denkmal (rechts Mitte) verheißt.

Es ist ein spannender Gedanke, darüber zu spekulieren, wie man Bonn in tausend Jahren betrachten wird. Noch ist es für uns die ehemalige Bundeshauptstadt, die 1949 diese Würde erhielt und 1990 von Berlin abgelöst wurde. Wir alle kennen das Wort von der »Bonner Republik«, für uns alle sind die idyllisch am Rhein gelegenen Regierungsgebäude Teil der kollektiven Erinnerung. Es war die unaufgeregte, sympathische, alles andere als herrische Hauptstadt eines Staates, der nach der Katastrophe der Nazi-Diktatur nichts weniger gebrauchen konnte als Großmannssucht. Heute hat Bonn als Ausgleich für den Verlust der Hauptstadtwürde ein paar UN-Behörden bekommen, doch das ist ein schwacher Trost. Was also wird von Bonn bleiben? Zumindest das Erbe Ludwig van Beethovens, der 1770 in der Bonngasse 20 geboren wurde und sich selbst gern als »Beethoven bonnensis« bezeichnete. Die Kunst hat immer die besten Chancen, Zeiten zu überleben: das Akademische Kunstmuseum (oben rechts) bewahrt eine Antikensammlung, das Kunstmuseum Bonn beherbergt dagegen Gegenwartskunst (unten links).

BRAUNES GOLD

Die Kraftwerke haben einen unstillbaren Hunger, weil die moderne Gesellschaft ohne Energie nicht existieren kann. Deswegen wird in Orten wie Neurath Braunkohle im großen Stil abgebaut – zu einem hohen Preis.

Deutschland ist glücklicherweise eine Demokratie. Nur deswegen konnten die Wellen um den Braunkohletagebau am Niederrhein so hoch schlagen. Und nur deswegen konnte der Name des Dorfes Garzweiler zum Synonym für die Frage werden, ob man aus wirtschaftlichen Interessen die Lebensgrundlage Tausender Menschen opfern darf. Rund um Garzweiler im Kreis Neuss ist ein gigantisches Braunkohlefeld mit bis zu hundert Meter dicken Flözen aus abgestorbenen Wäldern und Mooren entstanden. Die Flöze liegen so dicht an der Oberfläche, dass sie im Tagebau ausgebeutet werden können – um den Preis einer Vernichtung der Landschaft und ganzer Siedlungen.

Ein Dutzend Dörfer mit fast 8000 Einwohnern werden in den nächsten Jahrzehnten weggebaggert. Doch ganz erfolglos war der Bürgerprotest nicht. Denn fünf weitere Dörfer werden vorerst verschont.

Im Jahr 2006 wurde mit dem Braunkohletagebau in Garzweiler II (Bild) begonnen. Bis zum Jahr 2045 sollen hier 1,3 Milliarden Tonnen Kohle gefördert und in den Kraftwerken nebenan verfeuert werden. Zwölf Dörfer werden die Bagger dabei auffressen, deren Bewohner sich lange gegen die Zerstörung ihrer Heimat gewehrt haben. Am Ende war ihr Protest zwecklos, denn die Verlockung billiger Energie war einfach zu groß. Immerhin kann man sich damit trösten, dass nach dem Ende des Tagebaus ein gigantischer See entstehen wird, der vierzig Jahre lang mit Wasser aus dem Rhein gefüllt werden soll, sodass es um die Wende zum 22. Jahrhundert hier neues Leben gibt.

Herzstück des Aachener Doms und lange Zeit die höchste Kirchenkuppel nördlich der Alpen: das berühmte Oktogon, dessen Bau Karl der Große Ende des achten Jahrhunderts persönlich anordnete.

AACHEN, DOM

Im Uhrzeigersinn: der Altarraum, die Karlsbüste in der Domschatzkammer, das Chorgewölbe, der Königsthron von Karl dem Großen, der Karlsschrein und ein Blick in das Oktogon des Doms.

Kaiser Karl der Große wollte in Aachen die gewaltigste Kirche seiner Stammlande errichten, doch der Satan hatte etwas dagegen. Er stahl sich in den neu erbauten Dom, um dem Bischof aufzulauern, seine Seele zu rauben und so die Weihe zu verhindern. Doch die klugen Aachener sperrten statt des Bischofs einen Wolf in das Gotteshaus. Als der Höllenherrscher merkte, dass er an ein Tier geraten war, nahm er Reißaus und schlug dabei wutentbrannt das Tor des Doms zu. Den Riss sieht man bis heute, und die Legenden sind immer noch lebendig. Vor dem Satan müssen sich die Besucher indes nicht mehr fürchten: Er meidet seither den Dom wie der Teufel das Weihwasser.

ALTENBERGER DOM

Das größte Kirchenfenster nördlich der Alpen: Die ganze Pracht und Herrlichkeit des Himmlischen Jerusalems zeigt das monumentale Westfenster des Altenberger Doms, das vermutlich um 1400 vollendet wurde.

Eine grausame Legende erzählt man sich im Bergischen Land über den Altenberger Dom: Tief im Mittelalter lebte in der Nähe des Zisterzienserklosters ein schönes Mädchen, dessen Reizen einer der Mönche nicht widerstehen konnte. Er verging sich an dem Kind, und um seine Schandtat zu vertuschen, ertränkte er es in einem Fischteich im Klostergarten. Vor seinem Tod aber belegte

das arme Mädchen Altenberg mit einem Fluch: Abbrennen solle das Kloster bis auf die Grundmauern und verschwinden sollten alle seine Mönche für alle Ewigkeit. Genauso kam es auch. Nach einigen glanzvollen Jahrhunderten als Zisterzienserabtei wurde Altenberg 1803 säkularisiert und bald darauf an zwei Industrielle verkauft, die in dem Kloster eine Chemiefabrik einrichteten. Am 7. November 1815 sollte sich der Fluch dann erfüllen: Salpeter und andere giftige Chemikalien explodierten und setzten die Anlage in Brand, die nach wenigen Stunden nur noch eine rauchende Ruine war. Zwar wurde Altenberg später mühevoll restauriert und strahlt heute im alten Glanz. Doch wenn man an den Fischteichen vorbeikommt, bleibt ein gewisses Unbehagen.

»Land der tausend Berge«: Diesen Ehrentitel führt das Sauerland, dessen Berge eher Hügel sind. Kleine Bilder im Uhrzeigersinn: Seidenschwanz, Eichelhäher, Dompfaff, Blaumeise, Rotkehlchen und Raufußkauz.

Imagewandel ist ein Wort des 20. Jahrhunderts. Das heißt aber nicht, dass es nicht schon früher Imagewandel gegeben hätte. Davon kann das Sauerland ein Lied singen, das nie einen besonders guten Leumund hatte. Als arm und rückständig galt dieses westfälische Mittelgebirge, bewohnt von Menschen, die Erz aus der Erde kratzten und in finsteren Wäldern hausten. Doch dann kamen die Romantiker, entdeckten unter dem Einfluss von Annette von Droste-Hülshoff, der Grande Dame der deutschen Poesie, den rauen Charme des Sauerlands und erhoben es zu einem ihrer Sehnsuchtsorte. Ihrer Meinung haben sich seither Generationen von Naturliebhabern angeschlossen. Sie alle lieben das Sauerland, doch wer dort liebliches Idyll mit pittoresken Dörfern erwartet, wird enttäuscht sein. Wer aber hier die Kraft einer ursprünglichen, unverfälschten Landschaft sucht, wird sein Glück finden und sich mit Genuss an rustikalen Spezialitäten wie Pumpernickel oder der Nationalspeise »Himmel und Erde«, Apfelmus mit Kartoffelpüree, satt essen. Und dann kann man sich tatsächlich wie im Himmel auf Erden fühlen.

Neben dem Weinfelder Maar (großes Bild) gibt es auch kulturelle Schmuckstücke wie die Pfarrkirche St. Laurentius in Ahrweiler oder Fresken in der Stiftskirche St. Martin und St. Severus (von oben).

Heute sieht man der Eifel ihr feuriges Temperament auf den ersten Blick nicht mehr an. Doch noch vor 10000 Jahren fauchte und zischte hier die Erde so gewaltig, dass man glauben konnte, der Leibhaftige persönlich sei am Werk. Denn das gemütliche Mittelgebirge zwischen Aachen, Trier und Koblenz ist ein Kind der Vulkane, die diese Landschaft in Jahrmillionen geformt und geschmiedet haben. Und wenn man genau hinschaut, sieht man tatsächlich überall Schlackekegel und erkaltete Lavaströme, Krater und Maare, Tuffstein und Bims. Maare nennt man die kreisrunden Seen, die im Grunde nichts anderes als umgedrehte Vulkankegel sind. Sie bilden sich, wenn Magma auf Grundwasser trifft und das darüber liegende Gestein sprengt. Vor fünfzig Millionen Jahren begann die geologische Geschichte der Eifel. Damals fingen die Vulkane an, das Land wie auf einem Amboss zu modellieren. Die Feuerberge haben eine zerklüftete Hochebene geschaffen, die von Bergrücken wie dem Hohen Venn durchzogen werden. Die starke Erosion hat indes dafür gesorgt, das kein Gipfel höher als 750 Meter in den Himmel wächst.

BURG ELTZ

Eine Burg wie aus dem Bilderbuch: Die 800 Jahre alte Festung Eltz im nördlichen Rheinland-Pfalz ist vor allem für Briten und Amerikaner das Ur- und Idealbild einer deutschen Ritterburg.

Im 19. Jahrhundert gehörte es für jeden Briten von edlem Geblüt zum guten Ton, auf Bildungsreise durchs alte Europa zu gehen. »Grand Tour« nannte man diesen Kultururlaub, der die hohen Herrschaften an den Rhein und in die Schweiz, nach Italien und manchmal auch bis nach Griechenland führte, um dort die Wiege des Abendlandes in Augenschein zu nehmen. Ein unverzichtba-

res Etappenziel, einer der unbestrittenen Höhepunkte auf der großen Aristokratentour war eine Burg im Norden von Rheinland-Pfalz, die den Briten bald als Inbegriff der idealtypischen deutschen Festung galt: Burg Eltz, die über dem engen Tal des Flüsschens Eltz thront und bis heute in der englischsprachigen Welt weitaus bekannter ist als in Deutschland. Wie durch ein Wunder hat die Burg alle Irrungen der Zeit schadlos überstanden. Kein Pfälzischer Erbfolgekrieg, keine napoleonischen Revolutionskriege haben auch nur einen Kratzer an der Festung hinterlassen, die sich deswegen heute als makellose Mittelalterschönheit präsentiert. Und einen echten Burgherren gibt es auch noch. Denn Eltz ist seit dem 13. Jahrhundert ununterbrochen im Familienbesitz.

MOSELTAL

Tief hat sich die Mosel in die Erde geschnitten und dabei ein grandioses Landschaftstableau geschaffen. Und hoch über der Fachwerkstadt Bernkastel-Kues thront die Burgruine Landshut.

Keine andere deutsche Weinbauregion hat eine wechselvollere Geschichte hinter sich als die Mosel. Glanz und Elend, Triumph und Niedergang – das alles haben die Moselwinzer erlebt. Schon die Römer rühmten die Schönheit des Flusses und bauten hier den ersten Wein an. Und im sechsten Jahrhundert geriet der Dichter Fortunatus während einer Fahrt auf der Mosel ins Schwärmen:

»Vor uns heben sich rechts und links hochragende Berge. Drohend steigt der Fels bis zu den Wolken hinan. Aber nicht nutzlos ist das Schiefergestein, bringt es doch üppige Frucht, trieft doch der Felsen von Wein.« Im 19. Jahrhundert galt der Riesling von der Mosel als das Nonplusultra des deutschen Weins. Doch in der Nachkriegszeit wurde es vielen Winzern zu mühselig, die extremen Steillagen zu bewirtschaften. Sie bauten lieber billigen Wein in weniger arbeitsintensiven Gebieten an und verlegten sich ansonsten auf einen weinseligen Tourismus für Kegelbrüder. Zum Glück hat man das inzwischen als Irrweg erkannt und baut nun wieder verstärkt erstklassige Gewächse an – die Geschichte des Moselweins scheint ein glückliches Ende zu finden.

Manchmal mäandert die Mosel scheinbar ziellos durch die Welt – so wie bei der Moselschleife bei Bremm, bei der sie eine eigenartige Pirouette vollführt, als sei sie sich selbst ihres Weges unschlüssig.

TRIER

Keine Stadt in Deutschland ist älter als das 2000 Jahre alte Trier. Zunächst war es nur ein römisches Feldlager, aus dem sich aber bald eine der bedeutendsten Städte des Imperiums entwickeln sollte.

Es gibt viele Gründe, nach Trier zu fahren. Ein sehr triftiger Grund ist die Tatsache, dass Trier für sich in Anspruch nehmen kann, die älteste Stadt Deutschlands zu sein. Sechzehn Jahre vor Christi Geburt wurde sie von den Römern unter dem Namen Augusta Treverorum gegründet und sollte in den folgenden Jahrhunderten eine glänzende Karriere als Metropole des römischen Imperiums machen. Kaiser Konstantin II. residierte hier einst, einige Jahrzehnte lang war Trier Regierungssitz des Weströmischen Reiches, und vom 17. Jahrhundert an bis zum Jahr 1794 war das Kurfürstliche Palais (Bild) in Trier die Residenz der Trierer Kurfürsten und Erzbischöfe.

Im Uhrzeigersinn: St. Matthias, die Barockkirche St. Paulin, die Porta Nigra, die Stadtpfarrkirche St. Gangolf, die Basilika St. Matthias und der Hochaltar in der Domkirche St. Peter.

Und trotzdem kommt heute ein beträchtlicher Teil der Besucher aus einem ganz anderen Grund nach Trier. Sie interessieren sich nicht für 2000 Jahre alte Erbstücke der römischen Geschichte wie die Porta Nigra, die Kaiserthermen, die Konstantinbasilika oder das Amphitheater. Sie interessiert allein das Datum 5. Mai 1818 und die Adresse Brückenstraße 10. Denn an jenem Tag kam in jenem Haus ein Mann zur Welt, der in manchen Teilen der Erde bis heute eine Ikone mit Heiligenstatus ist: Karl Marx, der Begründer des Marxismus. Und so gehört Trier zum obligatorischen Besuchsprogramm. Da muss dann ein römischer Kaiser gegen den Gott des Kommunismus konkurrieren.

MITTELRHEIN, ST. GOARSHAUSEN UND LORELEY

Auf einem Felsen hoch über dem Rhein bei St. Goarshausen soll die Loreley gesessen und mit ihrem Gesang die Männer verzaubert haben. Doch sie brachte ihnen keine Freude, sondern nur den Tod.

Unter dem Namen Burg Neukatzenelnbogen ist sie kaum noch bekannt, so benannt nach dem Grafen, der sie 1371 erschuf. Der Volksmund hat »Burg Katz« daraus gemacht und sie gehört zum UNESCO-Welterbe.

Ihre Schönheit war ihr Verderben, und beides war so überwältigend, dass ihr am Ende nur der Tod blieb. Das ist die traurige Geschichte der Nixe Loreley, die auf einem Felsen im Mittelrheintal ihr Haar kämmte und mit ihrem Gesang die Flussschiffer um den Verstand brachte, sodass diese nicht mehr auf die gefährlichen Strömungen achteten und an den Klippen zerschellten. Clemens Brentano war der Erste, der 1801 die Loreley besang. In seiner Ballade hält man sie wegen ihrer Macht über die Männer für eine Hexe. Viele andere Dichter nahmen sich später der Loreley an, und das bezauberndste Denkmal sollte 1824 Heinrich Heine mit seinem Lied setzen.

MAINZ

Den Höhepunkt seiner Macht erreichte Mainz im Mittelalter, als hier die einflussreichsten Bischöfe des Heiligen Römischen Reiches residierten und sich prunkvolle Gotteshäuser wie den Kaiserdom bauten.

Zum Pfingstfest des Jahres 1184 lud Kaiser Barbarossa 20000 enge Freunde und Verwandte nebst dem einen oder anderen Würdenträger seines Reiches nach Mainz ein, um das größte Fest des Mittelalters zu feiern. Es muss eine rauschende Party gewesen sein, die für immer Spuren hinterlassen hat. Denn spätestens seit der großen Kaisersause liegt das Feiern den Mainzern

im Blut. Bis heute sind sie längst nicht nur zu Fastnachtszeiten jederzeit bereit, den Trott des Alltags für ein hübsches Weinfest zu unterbrechen. Nicht umsonst gehört Mainz der vornehmen Liga der »Great Wine Capitals« an, einem Zusammenschluss führender Weinstädte in aller Welt. Damit befindet sich Mainz in Gesellschaft so illustrer Orte wie Bordeaux, Kapstadt, Bilbao oder Florenz.

Eines der imposantesten Bauwerke der deutschen Romanik: Der Wormser Dom, der im 12. Jahrhundert in nur fünfzig Jahren errichtet wurde, legt bis heute Zeugnis ab. Den Hochaltar schuf Balthasar Neumann.

Im Jahr 1521 tritt ein kleiner Mönch auf dem Wormser Reichstag vor Kaiser Karl V., den mächtigsten Mann seiner Zeit, Herrscher über ein Weltreich, in dem die Sonne nie untergeht. Der Mönch steht als Ketzer vor dem Kaiser, denn er stellt den Allmachtsanspruch der katholischen Kirche infrage. Auf die Frage, ob er widerruft, antwortet der Gottesmann: »Denn weder dem Papst noch den

Konzilien allein glaube ich, da es feststeht, dass sie öfter geirrt und sich selbst widersprochen haben, so bin ich durch die Stellen der Heiligen Schrift, die ich angeführt habe, überwunden in meinem Gewissen und gefangen in dem Worte Gottes. Daher kann und will ich nichts widerrufen, weil wider das Gewissen etwas zu tun weder sicher noch heilsam ist. Gott helfe mir, Amen!« Damit besiegelte der Mönch, der natürlich niemand anderes als Martin Luther war, die Spaltung der christlichen Kirche. Und der Name der Stadt Worms sollte für alle Zeiten in den Geschichtsbüchern stehen, als jener Ort, an dem sich das Schicksal der Kirche entschied. Heute sind solche dramatischen Ereignisse selten geworden in Worms. Aber gemütlich lebt es sich ja auch ganz gut.

SPEYER, DOM

Es gibt nicht wenige, die meinen, der Speyerer Dom sei die schönste romanische Kirche Deutschlands. Wer jemals im Inneren der Kathedrale oder in der Krypta (unten rechts) stand, kann diese Meinung nur teilen.

War Kaiser Konrad II. dem Größenwahn verfallen? Warum um alles in der Welt wollte er in dem Nest Speyer in der Pfalz, das damals gerade einmal 500 Einwohner zählte, die größte Kirche der Christenheit errichten? Im Jahr 1027 wurde der Grundstein für den Speyerer Dom gelegt. Als er 1106 geweiht wurde, war er tatsächlich eines der größten Gebäude Europas. Und er war kein Produkt

von Größenwahn, sondern Kalkül. Denn mit ihrer gewaltigen Kirche wollten die Kaiser ihren Anspruch nicht nur auf weltliche, sondern auch auf geistliche Macht gegenüber dem Papst unterstreichen. Dieser Kampf ist längst Geschichte. Doch wenn man heute nach Speyer kommt, wird er wieder lebendig – im Angesicht einer der größten romanischen Kirchen der Erde.

Das größte zusammenhängende Waldgebiet in Deutschland ist der 1600 Quadratkilometer große Pfälzerwald. Und zwischen den Bäumen verbergen sich spektakuläre Gesteinsformationen wie der Teufelstisch.

König Richard Löwenherz dürfte keine allzu erfreulichen Erinnerungen an den Pfälzerwald gehabt haben. Denn für den englischen Monarchen war er ein Kerker. Auf dem Rückweg vom Dritten Kreuzzug wurde er von seinen Bundesgenossen, deren Fahne er angeblich entehrt hatte, gefangen genommen und 1193 an Kaiser Heinrich VI. ausgeliefert. Der Herrscher ließ ihn auf die

Burg Trifels im Pfälzerwald bringen, die Richard erst nach der Zahlung eines immensen Lösegeldes verlassen konnte. Die Legende allerdings besagt, dass sein treuer Freund, der Troubadour Blondel, auf der Suchen nach dem König von Burg zu Burg zog, dort immer ein Lied sang und auf eine Antwort wartete. In Trifels schließlich hatte seine Suche ein Ende, denn Richard beantwortete das Lied des Troubadours seinerseits mit einem Gesang. Anschließend soll Blondel seinen Monarchen gewaltsam befreit haben, wofür es aber keine historischen Beweise gibt. Andere Geschichten aus längst vergangenen Zeiten erzählen die Burgruinen, die man im Pfälzerwald auf mancher Anhöhe trifft, so wie die Wegelnburg (links), einst Reichsburg der Staufer.

SAAR

Spektakuläre Attraktionen findet man im Saarland eher selten. Doch Ausnahmen bestätigen die Regel – so wie die Große Saarschleife bei Mettlach, an der die Saar einen veritablen Haken schlägt.

Das Saarland befindet sich in einer seltsamen Lage. Es versteckt sich ganz am Rande Deutschlands und stand trotzdem jahrhundertelang im Mittelpunkt des Interesses gleich zweier Großmächte. Seine reichen Kohlevorkommen machten es zum Zankapfel zwischen Deutschland und Frankreich und immer wieder zum Anlass von Kriegen. Dabei gelten die Saarländer als ausgesprochen friedfertiger und selbstgenügsamer Menschenschlag, der im Grunde nichts anderes will, als in aller Ruhe ein schönes Leben zu führen. Die Kohlevorkommen sind inzwischen erschöpft, die deutsch-französische Erbfeindschaft ist Geschichte und der Saarländer Frieden wiederhergestellt.

Wahrzeichen und gleichzeitig eines der großartigsten sakralen Bauwerke des deutschen Barock: die Ludwigskirche in Saarbrücken, deren Grundriss einem griechischen Kreuz entspricht.

Was kommt dabei heraus, wenn man das französische Savoir-vivre und deutsche Gemütlichkeit mischt und das eine vom anderen nicht mehr zu unterscheiden ist? Eine Stadt, in der Drei-Sterne-Köche wie Klaus Erfort Haute-Cuisine-Wunderwerke am Herd vollbringen, die Hausfrauen beim Einkauf so elegant gekleidet sind wie Pariserinnen in der Oper, die Menschen sich indes eine gesunde Bodenständigkeit bewahrt und mit größter Gelassenheit in einer ganz und gar nicht muffigen Provinzialität eingerichtet haben. Eine Stadt wie Saarbrücken also, die durch und durch deutsch und gleichzeitig wunderbar französisch ist – eine Stadt, wie sie es in Deutschland kein zweites Mal gibt.

VÖLKLINGER HÜTTE

Eines der imposanten Industriedenkmäler der Welt und ein absoluter Höhepunkt auf der Europäischen Route der Industriekultur: die Völklinger Hütte in der gleichnamigen saarländischen Stadt.

Es ist ein gewaltiges Geflecht aus Schloten, Öfen, Förderbändern, Schwungrädern, ein riesenhafter Organismus aus Eisen, der einst brummte und zischte. Sein Leben hat er schon vor Jahren ausgehaucht, und doch ist ihm das Schicksal des schleichenden Todes erspart geblieben. Denn die Völklinger Hütte hat eine spektakuläre zweite Karriere gestartet: als Mahnmal der industriellen Vergangenheit des Saarlandes, das einst neben dem Ruhrgebiet und Oberschlesien das wichtigste Bergbau- und Stahlrevier des Deutschen Reiches war. 1986 wurde die Hütte stillgelegt und schon 1994 von der UNESCO als erstes Industriedenkmal überhaupt zum Welterbe erklärt.

Knapp hundert Jahre lang wurde hier Eisen geschmolzen. Dann erfasste die Stahlkrise auch die Völklinger Hütte, die 1986 aufgegeben werden musste. Doch damit war bei Weitem nicht alles aus und vorbei.

Der Bliesgau ist ein Paradies für zahlreiche Blumen: Ragwurz, Männliches Knabenkraut, Helmknabenkraut, Stendelwurz, Waldhyazinthe und Geflecktes Knabenkraut (von links).

Jeder, der glaubt, in Deutschland gebe es keine verborgenen Schätze mehr zu entdecken, sollte sich ins Bliesgau aufmachen, eine stille Gegend südöstlich von Saarbrücken direkt an der Grenze zu Frankreich. Auf den ersten Blick wirkt dieser Landstrich mit seinen Hunderten von Hügeln und Tausenden von Streuobstbäumen wenig spektakulär. Auf den zweiten Blick aber entpuppt

er sich – zumindest aus der Sicht der Biologen und Botanikerfreunde – als eine Wundertüte voller Sensationen. Der Reichtum an Flora und Fauna ist hier so unglaublich, dass man nur noch staunen kann: Die Hälfte aller in Deutschland vorkommenden Orchideenarten findet man im Bliesgau, darunter Raritäten wie Ohnsporn, Hummel-Ragwurz, Affen-Knabenkraut und Bocks-Riemenzunge. Auch die seltenen Blausterne, Sonnenröschen, Küchenschellen und Kalkkreuzblumen gibt es in Massen. Die Tierwelt will da nicht zurückstehen: Wildkatze, Siebenschläfer, Fuchs und Dachs leben im Bliesgau, dazu rare Spezies wie die Vogelarten Heidelerchen, Rotkopfwürger und Neuntöter oder die extrem seltenen Skabiosen-Scheckenfalter.

Kleine Motte, großer Name: Russischer Bär (großes Bild). Ansonsten tummeln sich Schachbrettfalter, Esparsetten-Widderchen, Krabbenspinnen und Skabiosen-Scheckenfalter (von oben) in der Region.

REINHARDSWALD

Die perfekte Kulisse für deutsche Märchen: Der Reinhardswald in Nordhessen war für die Brüder Grimm eine wahre Fundgrube. Hier stießen sie unter anderem auf das Schloss von Dornröschen.

Das ist der deutsche Märchenwald par excellence: ein einsames, menschenleeres Zauberreich voller Mysterien und Legenden. Die drei Riesinnen Trendula, Saba und Brama sollen hier hausen, Hans im Glück hat angeblich in diesem Wald sein Gold verspielt und Dornröschen ihren Schlaf verbracht. Im Reinhardswald im Norden Hessens fanden die Brüder Grimm, die lange im nahen Kassel wohnten, viele Geschichten für ihre Märchensammlung. Die Menschen erzählten ihnen von Mädchen mit goldenen Haaren, die in einen Turm gesperrt wurden, und von seltsamen musizierenden Tieren. Und wer heute durch den Reinhardswald kommt, glaubt all diese Geschichten sofort.

Die Bäume erinnern an verzauberte Wesen in diesem Mysterienreich, das angeblich ein gewisser Graf Reinhard, der ein übler Trunkenbold gewesen sein muss, an den Bischof von Paderborn verspielte.

KUNSTMETROPOLE KASSEL, »DOCUMENTA«

Hundert Tage dauert jede »documenta«, hundert Tage, in denen Kassel zum Nabel der weltweiten Kunstszene wird. Von links: Kunst von Yan Lei, von Kadar Attia und William Kentridge.

Ein Besuch der »documenta« ist nicht unbedingt nur Kunstgenuss, es ist eher Kunstarbeit. Das ist wahrscheinlich unvermeidlich, denn der Anspruch der »documenta« ist gewaltig: Die 1955 zum ersten Mal veranstaltete Schau will nichts Geringeres sein als ein Abbild der weltweiten Gegenwartskunst, ein Querschnitt durch das Kunstschaffen auf allen Kontinenten. Das ist eine Herkulesaufgabe, die dadurch noch komplizierter wird, dass jeder der wechselnden »documenta«-Leiter einen eigenen Schwerpunkt setzt und sich zudem viele Kunstwerke nicht selbst erklären, sondern nach einer intensiven intellektuellen Auseinandersetzung verlangen. Und so wird man von der Vielfalt der Eindrücke und der Komplexität der gezeigten Kunst herausgefordert. Im Grunde bräuchte man Tage, um alles zu sehen und zu verstehen. Der »Man Walking to the Sky« wurde 1992 von Jonathan Borofsky aufgestellt (links). Doch was der Künstler für eine Intention hatte und die Besucher dazu denken, ist auf keinen Nenner zu bringen. Vielleicht sind die zwischen den Ausstellungsorten liegenden Parkanlagen zum Erholen der einzig unstreitige Kunstgenuss.

KASSEL, BERGPARK WILHELMSHÖHE

Er ist der Herrscher über den Park und das Wahrzeichen der Stadt Kassel: Herkules thront als Kupferstatue seit dem frühen 18. Jahrhundert auf einem Oktogon und lässt das Wasser zu Tal fließen.

Der Held scheint ein wenig müde zu sein. Er ist leicht gebeugt, stützt sich auf seine Keule, an der ein Löwenfell hängt, und scheint sinnierend, fast ein wenig melancholisch auf seine Heldentaten zurückzublicken. Dass Herkules müde ist, darf niemanden verwundern. Schließlich steht er seit 300 Jahren als Kolossalstatue auf seinem Oktogon und überblickt als unangefochtener Herrscher den Bergpark Wilhelmshöhe in Kassel. Dass dieser Park seinerseits einen derart berühmten Schutzpatron braucht, steht ebenfalls außer Frage. Denn er ist genauso einzigartig wie der antike Herkules: Es ist der größte Bergpark in Europa, der auf einem Höhenunterschied von 240 Metern ein Gesamtkunstwerk der Gartenkunst präsentiert, wie es wohl weltweit einmalig ist. Hundertfünfzig Jahre lang haben die Landgrafen und Kurfürsten von Hessen-Kassel an ihrem Prestigeprojekt unermüdlich gearbeitet, bis eine Welt aus 500 verschiedenen Bäumen und spektakulären, Hunderte von Meter langen Wasserspielen entstanden war, ein Gartenreich im Stil englischer Landschaftsparks, das im Jahr 2013 zu Recht in die Liste des UNESCO-Welterbes aufgenommen wurde.

MARBURG

Wie präsent die Gotik nicht nur in der Elisabethkirche ist, hat schon Boris Pasternak beeindruckt. Als ein »mittelalterliches Märchen« bezeichnete er die Stadt und gleichzeitig als dunkel lockend.

Wenn man nach dem Idealbild der deutschen Universitätsstadt sucht, fallen einem sofort zwei Namen ein: Tübingen und Marburg. Beide Städte sind nicht zu groß und nicht zu klein, werden von Studenten und Professoren geprägt und vom akademischen Geist so sehr durchdrungen, dass alles andere dahinter verschwindet. Marburg hat das nie gestört, ganz im Gegenteil. Weil

so viele Marburger Zimmer an Studierende vermieteten, hieß es im 19. Jahrhundert scherzhaft, dass die Bürger der Stadt »von einem Studenten unterm Dach und zwei Ziegen im Keller« lebten. Besucher Marburgs haben immer wieder die schöne Lage des Ortes und sein mittelalterliches Stadtbild mit dem Schloss (links) bewundert. Aber auch die dunklen Seiten blieben klugen Beobachtern wie dem russischen Schriftsteller Boris Pasternak, dem Autor von »Doktor Schiwago«, nicht verborgen: »Die in Jahrhunderten bewährte und befestigte Schönheit des Städtchens hat eine gewisse dunkle und mächtige Neigung zur Orgel, zur Gotik, zu etwas jäh Abgebrochenem und nicht Vollendetem. Die Geschichte wird hier erdhaft. Das wissen, das fühlen alle.«

Askese ist nicht das Lebensmotto jedes Gottesmannes. Die Fürstbischöfe von Fulda jedenfalls schwelgten gerne in barockem Pomp, wie der Dom St. Salvator und das Stadtschloss (kleines Bild) beweisen.

Stolz und streng, fromm und gottesfürchtig: Das sind die Attribute, die man mit Fulda verbindet, der Bischofsstadt im Osten Hessens, in der bis heute regelmäßig die Deutsche Bischofskonferenz tagt. Vielleicht sind die Würdenträger deswegen so gerne in Fulda, weil es zwar in barockem Prunk erstrahlt, ohne sich aber je den Ausschweifungen des Barock hinzugeben. Dazu ist Fulda viel zu

sehr eine katholische Stadt, die in ihrer Geschichte wie keine zweite in Hessen von der Römischen Kirche und ihren irdischen Vertretern geprägt wurde. Schon zu Zeiten des Frankenreiches und des Missionars Bonifatius gab es hier ein Kloster. In den Jahrhunderten darauf sollten die Fuldaer Fürstbischöfe so viel weltliche wie geistliche Macht auf sich vereinen, wie sie sonst nur in den Händen von Königen lag. Schlecht ist das Fulda gewiss nicht bekommen. Und so stehen wir bis heute staunend und sinnierend über die Kraft des Glaubens vor all den barocken Bauten zur Verherrlichung des Allmächtigen. Denn in Fulda hat man nie Kosten und Mühen gescheut, wenn es darum ging, Gott oder seinen Vertretern auf Erden grandiose Bauten zu errichten.

Die Vollendung der Romanik: Bei keiner anderen Kirche in Deutschland wurde dieser Baustil so zu einer Meisterschaft gebracht wie beim Limburger Dom, hier im Vordergrund mit der Brückenfigur St. Nepomuk.

Architektur wird im Limburger Georgsdom zum Mysterienspiel. Und wenn das Licht wie ein heiliger Geist durch die Fenster fällt, werden selbst die größten Ketzer ganz still und andächtig.

Eher geht ein Kamel durch ein Nadelöhr, als dass ein Reicher in den Himmel kommt. Vielleicht war es dieser Bibelsatz, der den wohlhabenden Limburger Kaufleuten keine Ruhe ließ. Sie verdienten ein Vermögen dank Limburgs strategisch günstiger Lage an der Fernhandelsstraße von Frankfurt nach Köln, die hier die Lahn überquerte. Und jeder, der diese Brücke passierte, musste Zoll entrichten. Doch irgendwann dachten die Kaufleute auch an ihr Seelenheil und spendeten beträchtliche Summen für den Bau eines gewaltigen Doms. Es sollte sich lohnen, denn diesem Großmut verdanken wir eines der großartigsten Bauwerke der Spätromanik. Anfang des 12. Jahrhunderts wurde mit dem Bau begonnen, schon 1235 konnte das Gotteshaus geweiht werden, für das die Kathedrale von Reims Pate stand. Es ist eine dreischiffige Basilika, gekrönt von sieben Türmen, die die sieben Sakramente symbolisieren, geschmückt mit vier Rosetten, die für die vier Evangelisten stehen. Der Limburger Dom ist ein architektonisches Gesamtkunstwerk. Und wer weiß, vielleicht haben die Limburger Kaufleute den Allmächtigen ja tatsächlich milde gestimmt.

FRANKFURT AM MAIN

Die schönste Silhouette aller deutschen Städte: Der Blick vom Main auf die Parade der Hochhäuser mit der Commerzbank als Königin der Skyline ist vor allem in der Dämmerung überwältigend.

An keiner anderen deutschen Stadt kleben so viele Klischees wie an Frankfurt: die Stadt der Banken, die Stadt der Drogen, die Stadt der Dichter. In jedem Bild steckt etwas Wahres, und doch ist Frankfurt einfach viel zu komplex und widersprüchlich, um mit Schlagwörtern erfasst zu werden. Denn alles, was man über diesen Ort sagen kann, beinhaltet auch das genaue Gegenteil. Einerseits ist Frankfurt die kosmopolitischste Stadt Deutschlands; nirgendwo sonst leben so viele Menschen aus so vielen Ländern auf so engem Raum so friedlich zusammen. Gleichzeitig ist Frankfurt aber auch ein Ort glühender Heimatliebe, die so weit geht, dass manche Frankfurter nur unter Zwang und Protest ihr angestammtes Viertel verlassen. Natürlich dreht sich hier alles ums Geld, doch gleichzeitig leben in Frankfurt so viele Schriftsteller wie sonst nur in Berlin. Natürlich wurden hier alle urbanistischen Kapitalverbrechen der Nachkriegszeit begannen, und doch gibt es Orte wie das Mainufer, diesen riesigen, menschenfreundlichen Volkspark. In einem aber herrscht unter den Frankfurtern absoluter Konsens: Frankfurt ist eine wunderbar lebenswerte Stadt.

Doch das Allerschönste ist: Hinter diesem Anblick verbirgt sich nicht die kalte Fratze des Kapitals, sondern eine Stadt mit tausend Facetten, die oft ganz anderes im Sinn hat, als Geld zu verdienen.

FRANKFURT AM MAIN, RÖMERBERG

Großer Engel und Kleiner Engel, Goldener Greif und Wilder Mann, Schwarzer Stern und Kleiner Dachsberg: Solche poetischen Namen tragen die Häuser am Römerberg, die allerdings nur Repliken sind.

FRANKFURT AM MAIN, RÖMERBERG

Es gab in den Siebziger- und Achtzigerjahren heftige Kontroversen darüber, ob man den Römerberg, Frankfurts historisches Zentrum, rekonstruieren sollte. Heute sind alle heilfroh, dass man es getan hat.

Im Grunde müsste jedem Betrachter des Frankfurter Römerbergs das Herz bluten. Denn er gibt eine vage Ahnung davon, wie schön diese stolze Stadt gewesen war, bis sie die Bomben des Zweiten Weltkriegs in Schutt und Asche legten. Jahrzehntelang rühmten alle Reisenden Frankfurts Pracht und Herrlichkeit, die es als Freie Reichsstadt und Ort der Kaiserkrönungen angehäuft hatte. Um zumindest einen winzigen Teil davon wiederauferstehen zu lassen, entschloss man sich Anfang der Achtzigerjahre, den Römerberg mit dem Rathaus, dem namensgebenden »Römer«, nach historischem Vorbild zu rekonstruieren. Es ist ein gelungener Trost für das Verlorene.

Von den ersten Artefakten der menschlichen Kunst bis zu den verwegensten Werken des zeitgenössischen Kunstschaffens: In den Frankfurter Museen wie dem MMK wird der Bogen über Jahrtausende gespannt.

Frankfurt mag die Stadt des Mammons sein. Es ist aber auch die Stadt der Museen. Und der beste Ort, diesen scheinbaren Widerspruch in reines Wohlwollen aufzulösen, ist das südliche Mainufer. Dort kann man aus sicherer Distanz auf die Banktürme blicken und gleichzeitig an einem Stück durch die gesamte Kunstgeschichte der Menschheit wandern. Denn am Frankfurter Museumsufer, das diesen Ehrentitel mit vollem Recht trägt, reihen sich ein Dutzend Häuser der Kunst wie an einer Perlenschnur aneinander. Der Reigen beginnt mit dem Liebighaus, in dem Skulpturen von der Prähistorie bis zur Gegenwart ausgestellt werden, und endet mit dem Museum für Angewandte Kunst.

Im Uhrzeigersinn: Museum der Weltkulturen, Schirnhalle, Deutsches Architekturmuseum, Skulpturenausstellung im Liebighaus, Sauriersaal im Senckenberg-Museum und das Museum für Kommunikation.

Dazwischen liegen lauter Museen, die keine Wünsche der Kunstliebhaber offen lassen, so ausgefallen sie auch sein mögen. Ein Haus widmet sich der Architektur, ein anderes der Kommunikation, wieder ein anderes dem Film und eines den fremden Kulturen. Und das größte von allen, das Städel, gehört mit seiner phänomenalen Gemäldesammlung zu den führenden Museen in Deutschland. Im Jahr 2012 wurde es spektakulär um unterirdische Ausstellungsräume erweitert und prompt zum deutschen »Museum des Jahres« gekürt. Dass es auf der anderen Seite des Mains auch fabelhafte Museen gibt, etwa das Goethehaus oder das Museum für moderne Kunst, sei nicht vergessen.

WIESBADEN

Wenn man jahrhundertelang eines der berühmtesten Kurbäder ganz Europas war, hinterlässt das zwangsläufig Spuren. Und Wiesbaden hat sich seine würdevolle Vornehmheit bis heute bewahrt.

Im Jahr 1865 kam der russische Schriftsteller Fjodor Dostojewski nach Wiesbaden, um seiner Gesundheit etwas Gutes zu tun. Stattdessen ruinierte er sich, denn er verfiel im Casino der berühmten Kurstadt der Spielsucht und verjubelte innerhalb kürzester Zeit sagenhafte 3000 Goldrubel. Dostojewski war restlos pleite und diktierte in seiner Not einer Stenografin innerhalb von

nur 25 Tagen seinen Roman »Der Spieler«, der seine Sucht zum Thema hatte und ein erschütterndes Zeugnis der Verzweiflung ist. Bis heute ist im Casino der Roulettetisch zu sehen, an dem Dostojewski all sein Geld verlor. Er war der berühmteste, aber bei Weitem nicht der einzige Spieler, dem Wiesbaden zum Fluch und Verhängnis wurde. Denn das Glücksspiel war dort von Beginn an ein fester Bestandteil des Kurbetriebs. Schon 1810 wurde das erste Casino eröffnet, dessen Nachfolgerbauten immer grandioser wurden. Das heutige Casino ist ein wahrer Palast voller kirschholzgetäfelter Prunksäle, Marmorsalons mit Blattgoldorgien und Mahagoni-Separées mit kassettierten Decken. Die echten Spieler allerdings haben für diesen Prunk wenig Augen.

»Mein Hessenland blühe und in ihm die Kunst«. Das war das Leitmotiv von Großherzog Ernst Ludwig von Hessen-Darmstadt. Zu Ehren seiner Hochzeit wurde der Hochzeitsturm auf der Mathildenhöhe errichtet.

»Eine Stadt wollen wir erbauen, eine ganze Stadt! Alles andere ist nichts. Die Regierung soll uns ein Feld geben, und da wollen wir dann eine Welt schaffen.« Mit diesen enthusiastischen Worten beschrieb der Architekt Joseph Maria Olbrich den kühnen Plan, den er und seine Mitstreiter verfolgten: Sie wollten mit der Künstlerkolonie Mathildenhöhe in Darmstadt das Modell für eine bessere Zukunft erschaffen. Maler, Bildhauer, Baumeister und Kunsthandwerker arbeiteten zwischen 1899 und 1914 an dieser Utopie und kreierten tatsächlich ein Gesamtkunstwerk, das auf allen Feldern das tägliche Leben verbesserte und verschönerte. Olbrich fasste die Idee der Mathildenhöhe ganz einfach so zusammen: »Was nutzen drei, fünf, zehn schöne Häuser, wenn darin die Sessel nicht schön sind oder die Teller nicht schön sind?« Im Darmstädter Großherzog Ernst Ludwig fanden die Künstler einen begeisterten Mäzen, der ihnen den Landschaftspark auf der höchsten Erhebung von Darmstadt zur Verfügung stellte und ihr Projekt großzügig alimentierte. Der St. Petersburger Architekt Benois schuf hier zudem auf importierter russischer Erde eine russische Kapelle (links).

KLOSTER EBERBACH

Einst eines der bedeutendsten Zisterzienserklöster auf deutschem Boden, heute eines der renommiertesten Weingüter des Landes: Kloster Eberbach im Rheingau hat eine glanzvolle Doppelkarriere hinter sich.

Es ist schwer zu sagen, welcher Ruhm des Klosters Eberbach im Rheingau heller strahlt: der Ruhm, eines der beeindruckendsten und architektonisch vollkommensten Klöster Deutschlands zu sein; oder der Ruhm, zu den besten Weingütern zwischen Mosel und Main, Ahr und Elbe zu gehören. Beides wussten schon die Zisterzienser, die das Kloster 1186 gründeten, meisterhaft miteinander zu verbinden. Der Weinbau wurde bald ihre wichtigste Einnahmequelle, denn ihre Gewächse waren von überragender Qualität und wurden ihnen aus den Händen gerissen. Daran hat sich bis heute nichts geändert, auch wenn im Kloster längst keine Mönche mehr leben. 220 Hektar bester Lagen im Rheingau und an der Hessischen Bergstraße gehören inzwischen Eberbach.

Im Mittelalter war Kloster Lorsch mit seiner wunderbaren Königshalle eines der bedeutendsten Geisteszentren des karolingischen Reiches. Nicht weniger imposant ist das Alte Rathaus von Lorsch (kleines Bild).

Es ist eine eigenartige Laune der Geschichte, dass ausgerechnet aus der karolingischen Epoche kaum Baudenkmäler erhalten sind. So bedeutend das Zeitalter Karls des Großen, der sich am Weihnachtstag des Jahres 800 in Rom zum Kaiser krönen ließ, historisch auch war, so ungreifbar und unsichtbar ist es heute. Selbst aus der viel älteren römischen Epoche haben wesentlich

mehr Bauwerke die Stürme der Zeiten überstanden als aus der karolingischen. Eine der großen Ausnahmen ist das Kloster Lorsch im äußersten Süden von Hessen. Es entstand im Jahr 764 und gehörte bis zum 13. Jahrhundert zu den wichtigsten Geistesorten von Kaiser Karls Reich. Der Nibelungensage nach gründete Königin Ute das Kloster, während Historiker dafür – weniger mythenumrankt – benediktinische Mönche verantwortlich machen. Sie bauten in Lorsch eine der wichtigsten Bibliotheken des Mittelalters auf und legten auf Geheiß des Kaisers einen berühmten Kräutergarten mit medizinischen Heilpflanzen an, der zum Muster für Klostergärten in ganz Europa wurde. Kräuter und Gewürze waren im Mittelalter die einzig wirksame Medizin.

NATIONALPARK HAINICH

Der Nationalpark Hainich ist fast vollständig von Rotbuchen bewachsen. Dazwischen liegen Teppiche aus Wildblumen wie Märzenbecher, Anemonen und Leberblümchen (von links).

Wer den Urwald erleben will, kann in den Amazonas oder in den Kongo fahren. Man kann es sich allerdings auch einfacher machen und nach Thüringen reisen. Denn in seinem Nordwesten hütet das Bundesland einen Naturschatz, wie es ihn so kein zweites Mal in Deutschland gibt: den Hainich, den größten unberührten Wald zwischen Nordsee und Alpen und gleichzeitig das größte zusammenhängende Laubwaldgebiet Deutschlands. Die UNESCO ernannte es zum Welterbe. Seine Ursprünglichkeit verdankt der Wald den Launen der Geschichte. Jahrhundertelang lag er in einem toten Winkel Deutschlands. Und in der Zeit des Kalten Krieges wurde er wegen seiner Nähe zur Grenze zu einem Niemandsland, in dem die Natur machen konnte, was sie wollte.

»Wart! Berg, du sollst mir eine Burg werden!« Mit diesem Satz soll der Legende nach Ludwig der Springer aus dem Adelsgeschlecht der Ludowinger die Errichtung der Wartburg beschlossen haben.

Wenn es eine deutsche Schicksalsburg gibt, dann kann es nur eine Festung sein: die Wartburg bei Eisenach, die vor fast tausend Jahren errichtet wurde und längst den Rang eines Mythenortes besitzt. Hier lebte und wirkte die heilige Elisabeth von Thüringen; hier sollen die sagenhaften Sängerkriege stattgefunden haben; hier fand Martin Luther, getarnt als »Junker Jörg«, Unterschlupf, um in nur elf Wochen in einer spartanischen Zelle das Neue Testament ins Deutsche zu übersetzen und damit den Grundstein der Reformation zu legen. Und im 19. Jahrhundert war die Burg Schauplatz der Wartburgfeste freiheitshungriger Studenten, die letztlich zur Geburtsstunde der Revolution von 1848 und des deutschen Nationalstaates wurden.

ERFURT

»Turmreiches Erfurt« nannte Martin Luther die Stadt – aus gutem Grund, denn in ihrem Zentrum drängeln sich nicht weniger als 25 Pfarrkirchen, 15 Klöster und zehn Kapellen. Doch der Dom überragt alle.

Fast drei Quadratkilometer groß und nahezu vollständig erhalten ist die Erfurter Altstadt, die im Mittelalter entstand und in manchen Winkeln wie an der Krämerbrücke noch diese Zeit zu atmen scheint.

Die Zahlen klingen schrecklich, und trotzdem hatte Erfurt noch Glück: 27 Luftangriffe flogen die Alliierten im Zweiten Weltkrieg gegen die größte Stadt Thüringens, 1600 Menschen starben und fast ein Fünftel der Häuser wurde zerstört. Doch das, was den Feuersturm überstand, ist immer noch beeindruckend genug. Es ist eines der größten mittelalterlichen Stadtzentren in Deutschland, ein fantastisches Ensemble aus Kirchen und Klöstern, Fachwerkhäusern und Patrizierpalästen, verwunschenen Gassen und glucksenden Kanälen. Auch die älteste erhaltene Synagoge Europas, deren Ursprünge bis auf das Jahr 1094 zurückgehen, steht in Erfurt.

THÜRINGER WALD

Ein raues Gebirge, das sich aber jeder Schroffheit verweigert und lieber die Harmonie sucht: der Thüringer Wald durch einen Blick vom Kickelhahn bei Ilmenau.

Kann der Thüringer Wald kranke Seelen retten? Haben seine stillen Wälder und friedlich in sich ruhenden Gipfel genügend Kraft, um einen gepeinigten Geist von seinen Qualen zu erlösen? Wer heute durch das Mittelgebirge wandert, ist sich dessen fast sicher und wundert sich nicht, dass der norwegische Maler Edvard Munch Anfang des 20. Jahrhunderts hier Linderung für seine geschundene Seele suchte. Seinen Bildern gab er Titel wie »Der Schrei«, »Melancholie«, »Verzweiflung« oder »Angst«, und seinen Frieden fand er nur im Alkohol – eine Flasche Cognac am Tag war nichts für Munch. Deswegen überredete ihn sein Mäzen, der Lübecker Arzt Max Linde, im Winter 1905 eine Kur in Bad Elgersburg am Rand des Thüringer Waldes zu machen. Munch reiste tatsächlich dorthin, malte Bergrücken und Schluchten, Wiesen und Wälder, betitelte seine Bilder nicht mehr nach den Spielarten seiner Pein, sondern gab ihnen friedliche Namen wie »Aus dem Thüringer Wald« und kam doch nicht vom Teufel Alkohol los. Eines seiner Gemälde, das in dieser Zeit entstanden ist, heißt daher »Selbstbildnis mit Flasche«.

Für seine Stille ist der Thüringer Wald von den Deutschland-Reisenden aller Epochen immer wieder gerühmt worden – und für sein magisches Licht, das manchmal nicht von dieser Erde zu sein scheint.

Die Herzöge von Weimar waren Schöngeister in jeder Hinsicht – zum Glück für uns Nachgeborene, denn so verdanken wir ihnen architektonische Schätze wie das eidottergelbe Schloss Belvedere.

Wer heute nach Weimar kommt und sich von wunderbaren Orten wie dem Marktplatz (großes Bild) oder dem Nationaltheater (kleines Bild) verzaubern lässt, kann ihn ganz deutlich spüren.

Es sind nicht immer die Hauptstädte, die schillernden Metropolen, die als Sinnbilder für das Schicksal und die Seele eines Landes stehen. Am eindrücklichsten beweist das die kleine Stadt Weimar in Thüringen, die trotz ihrer Unaufgeregtheit all das verkörpert, was Deutschland ausmacht. Es ist die Stadt Goethes und Schillers (rechts, Denkmal vor dem Nationaltheater) und damit für

alle Zeiten die deutsche Geisteshauptstadt. Es ist die Heimat der großartigen Bibliothek von Herzogin Anna Amalia – vielleicht der schönsten Deutschlands –, und die Stadt, in der Friedrich Hegel und Richard Wagner wirkten. Hier atmete schon immer ein freier Geist, der humanistischen Idealen verpflichtet war und an das Gute im Menschen glaubte. Doch Weimar wurde auch zum Symbol des Scheiterns der Freiheit, weil es jener Republik seinen Namen gab, die das Geschenk der Demokratie fahrlässig verspielte und in der Katastrophe des Nationalsozialismus mündete. All dieses Erbe der Geschichte lastet auf Weimar. Und doch trägt die Stadt nicht schwer an ihm, sondern hat sich ihre Heiterkeit und Leichtigkeit, ihren Optimismus und Idealismus bewahrt.

WEIMARER KLASSIK

Es ist ein großes Glück, wenn die beiden bedeutendsten Dichter eines Landes sich gegenseitig in ihrem Schaffen befruchten. Goethe und Schiller haben es vorgemacht. Kleine Bilder: Räume im Goethehaus.

Die folgenreichste Freundschaft der deutschen Geistesgeschichte kam ein wenig schleppend in Gang. Als sich Johann Wolfgang von Goethe und Friedrich Schiller im September 1788 zum ersten Mal begegneten, wurden sie nicht recht warm miteinander. Doch das sollte sich bald ändern und schließlich in einer »ästhetischen Allianz« der beiden Brüder im Geiste münden, die wie

keine zweite die deutsche Literatur geprägt hat. Von 1794 bis zu Schillers Tod im Jahr 1805 währte diese Allianz der gegenseitigen Inspiration. Beide Dichter waren dabei denselben Idealen verpflichtet und stellten Menschenwürde und Toleranz über alle anderen geistigen Tugenden. Spätere Generationen fanden ein großes Wort dafür, was bis heute gilt: »Weimarer Klassik«.

Ihre epochalen Werke, die in der gemeinsamen Schaffenszeit der »Weimarer Klassik« entstanden, finden sich natürlich auch in der prachtvollen Anna Amalia Bibliothek, einem Prunkstück Weimars.

Eine Stadt im Herzen Deutschlands, die sich nicht gerne in den Vordergrund drängt und sich lieber in Zurückhaltung übt. Der Blick auf das Neue Rathaus und das Bundesverwaltungsgericht ist indes großartig.

Leipzig gehört zu den großen Gewinnern der Wiedervereinigung. Die sozialistische Tristesse ist nicht nur am Augustusplatz einem strahlenden Gesicht gewichen, auch das Alte Rathaus glänzt in neuem Licht (unten).

Leipzig ist eine Stadt der Superlative. Doch sie werden nicht an die große Glocke gehängt, sondern lieber still genossen. Deswegen ist Leipzig die am eklatantesten unterschätzte Stadt Deutschlands – und schon haben wir den nächsten Superlativ. Alle kennen die Leipziger Messe, doch nur die Kenner wissen, dass sie eine der ältesten der Welt ist. Schon 1165 wurde Leipzig das

Recht verliehen, einen Markt abzuhalten. Dank der strategisch günstigen Lage und der guten Verbindungen zu russischen Pelzhändlern entwickelte sich daraus bald eine Messe, deren Geschichte bis heute fortgeschrieben wird. Auch die erste Tageszeitung Deutschlands erschien 1650 in Leipzig und begründete eine innige Liebe zu Wort und Sprache – kein Wunder, dass die Stadt lange eines der wichtigsten Zentren des deutschen Verlagswesens war. Und eine der wichtigsten Schlachten der napoleonischen Kriege, die Völkerschlacht bei Leipzig, fand 1813 ebenfalls hier statt. Dass Leipzig Deutschlands mutigste Stadt ist, bewies sie 1989 mit den berühmten Montagsdemonstrationen, die schließlich die DDR-Diktatur zu Fall brachten.

Im Uhrzeigersinn: Innenansicht der Thomaskirche, Naschmarkt mit Goethedenkmal, Hauptbahnhof mit Einkaufspassagen, Neue Messe, Mendebrunnen vor dem Gewandhaus, Altar in der Nikolaikirche.

Wer heute Leipzig besucht, kann sich kaum noch vorstellen, wie es hier in den Achtzigerjahren aussah. Und wer Leipzig damals kannte, erinnert sich mit Schaudern an die Farblosigkeit und Freudlosigkeit, die wie ein bleierner Schleier über allem lag. Jetzt strahlt die Stadt wieder so, wie sie es meist getan hat in ihrer langen Geschichte. Die Prachtbauten der Stadt sind aufwendig renoviert worden und tragen heute ein glänzendes Festtagskleid. Und dass in den Neunzigerjahren bei der Instandsetzung historischer Bauten ein betrügerischer Hallodri wie der Immobilienunternehmer Jürgen Schneider am Werk war, ist heute nur noch eine unbedeutende Fußnote der Geschichte.

140 Meter lang, vier Etagen hoch und bewacht von zwei weiblichen Schutzpatroninnen mit Weintrauben, die an die frühere Bestimmung dieses Ortes als Weinkeller erinnern: Das ist die Mädlerpassage.

MEISSEN

Das älteste Schloss Deutschlands: Die Albrechtsburg am Meißener Elbufer wurde zwischen 1471 und 1524 im spätgotischen Stil errichtet. Einen Fürsten oder Regenten beherbergte sie allerdings nie.

Es gibt wohl niemanden, der bei Meißen nicht an Porzellan denkt – und das völlig zu Recht, obwohl die Stadt an der Elbe auch für sich in Anspruch nimmt, die Heimat der Wettiner und damit die Wiege Sachsens zu sein. Tapfere Männer mit sprechenden Namen hat sie hervorgebracht, Otto den Reichen, Dietrich den Bedrängten, Heinrich den Erlauchten, Friedrich den Streitbaren. Das erste Schloss aller deutschsprachigen Länder, die Albrechtsburg, wurde gleichfalls hier von 1471 an errichtet. Sie sollte die Residenz der Fürsten werden, doch so weit kam es nie. Stattdessen stand sie bis 1710 leer. Dann wurde sie Sitz der neu gegründeten Meissener Porzellanmanufaktur, wobei wir wieder beim Kern der Sache wären: bei der ältesten Porzellanfabrik ganz Europas. Den Meißenern war es gelungen, das Rätsel der Porzellanherstellung zu entschlüsseln, und sie hüteten ihr Geheimnis wie ihren Augapfel. Doch es wurde verraten. Die Meißener mussten nun ihre edle Ware mit einer unverkennbaren Signatur von den Fälschungen unterscheidbar machen – und so entstanden die berühmten gekreuzten Schwerter, Kennzeichen Meissener Porzellans.

Als Motive wurden in erster Linie Landschaften, Tiere und florale Elemente verwendet. Doch neben Geschirr lag auch ein Schwerpunkt in der figürlichen Plastik, filigranen Tischdekorationen und Vitrinenaufstellern.

DRESDEN

»Dresden – hier wurde die Schönheit erfunden, in zartesten Farben und märchenhaftem Licht.« Das schrieb Johann Joachim Winkelmann 1755 über die Residenzstadt an der Elbe. Sein Urteil gilt bis heute.

Wohl keine andere Stadt in Deutschland hat in ihrer Geschichte so viele Bewunderer und Verehrer gehabt wie das schöne, schicksalsschwere Dresden. Legende ist die Zahl der Dichter und Denker, die Dresdens Glanz verfielen und diesen Ort mit einem letzten Blick voll wehmütiger Sehnsucht verließen. »Dresden hat mir große Freude gemacht und meine Lust, an Kunst zu denken, wieder belebt. Es ist ein unglaublicher Schatz aller Art an diesem schönen Orte«, schrieb ein tief beeindruckter Johann Wolfgang von Goethe. Noch schwärmerischer war E.T.A. Hoffmann: »Wann werde ich wieder in den paradiesischen Gefilden wandeln, wann werde ich Dresden wiedersehen!«

So verschwenderisch wurde Dresden von seinen Fürsten und Königen mit Schätzen überhäuft, mit Kirchen und Kunstwerken, Palästen und Schlössern, dass es sich den Ehrennamen »Elbflorenz« redlich verdient.

Und kein Dichter hat die herrliche Topografie der Stadt so schön beschrieben wie Heinrich von Kleist: »Dresden hat eine große, feierliche Lage, in der Mitte der umgränzenden Elbhöhen, die in einiger Entfernung, als ob sie aus Ehrfurcht nicht näher zu treten wagten, es umlagerten. Der Strom verlässt plötzlich sein rechtes Ufer und wendet sich schnell nach Dresden, seinen Liebling zu küssen. Von der Höhe des Zwingers kann man seinen Lauf bis nach Meißen verfolgen. Er wendet sich bald zu dem rechten, bald zu dem linken Ufer, als würde ihm die Wahl schwer, und wankt, wie vor Entzücken und schlängelt sich spielend durch das freundliche Tal, als wollte er nicht in das Meer.«

DRESDEN, SEMPEROPER UND THEATERPLATZ

Eine Glanzleistung der Werktätigen in der DDR – eine ihrer wenigen: Der originalgetreu wiederaufgebauten Semperoper sieht man auf den ersten Blick nicht an, dass sie ein Kind des 20. Jahrhunderts ist.

Die DDR verstand sich als Arbeiter- und Bauernstaat. Deswegen waren ihr die Bauwerke der bourgeoisen und aristokratischen Klassenfeinde suspekt – und wurden gnadenlos gesprengt. Doch zum Glück gab es eine Ausnahme von der Regel: die grandiose Semperoper, die von Gottfried Semper im Stil der Frührenaissance errichtet und während der Bombenangriffe im Februar 1945 nahezu komplett zerstört wurde. Im Juni 1977 begann der Wiederaufbau, der am 13. Februar 1985, am Jahrestag der Zerstörung, mit der feierlichen Wiedereröffnung vollendet wurde – mit Webers »Freischütz«, jener Oper, die als letzte in der originalen Semperoper gespielt worden war.

DRESDEN, RESIDENZSCHLOSS UND HOFKIRCHE

Wenn man abends auf dem Theaterplatz steht, die illuminierte Hofkirche und das mächtige Residenzschloss betrachtet, dann könnte man glauben, die Zeit sei an Dresden spurlos vorbeigegangen.

Um das Wunder der Semperoper zu wiederholen, fehlte der DDR die Kraft. Und so blieb das Residenzschloss eine Ruine, das gleichfalls im Februar 1945 bis auf die Grundmauern abgebrannt war. Alle Versuche eines Wiederaufbaus scheiterten kläglich. Erst nach der Wiedervereinigung ging es voran, und so gehört der Bau im Stil der Neorenaissance heute wieder zu den Schmuckstücken im Dresdner Stadtbild. Im »Grünen Gewölbe« beherbergt es kostbare Sammlungen von Münzen und Kupferstichen, Goldschmiedearbeiten und Porzellanpreziosen. Der größte grüne Diamant, der jemals gefunden wurde, ist hier zu bestaunen sowie eine der bedeutendsten Sammlungen osmanischer Kunst.

DRESDEN, ZWINGER

Das Lieblings- und Prestigeobjekt des Kurfürsten Friedrich August I.: Mit dem Zwinger schuf er sich in seiner Residenzstadt ein barockes Wunderreich, das in Deutschland unerreicht geblieben ist.

Im Jahr 1687 brach Kurfürst Friedrich August I. von Sachsen zu einer Cavalierstour quer durch Europa auf. Was er dort an Pracht und Eleganz sah, verschlug ihm die Sprache. Und als er zwei Jahre später ins heimatliche Dresden zurückkehrte, das damals fast ausschließlich aus Holzgebäuden bestand, beschloss Friedrich August, unsterblich zu werden, indem er seine Residenzstadt von einer Holzbretterbude in den prunkvollsten Ort der deutschen Lande verwandelte. Sein Lieblingsprojekt war dabei der Zwinger, mit dessen Bau 1709 begonnen wurde. Und damit auch ja alles so aussah wie in den bewunderten Vorbildern, schickte der Kurfürst seinen Architekten Matthäus Daniel Pöppelmann ebenfalls auf große Reise. Er besuchte Prag und Wien, Florenz und Rom, Neapel und Versailles und baute seinem Herrn das wahrscheinlich schönste Ensemble des deutschen Barock – eine Welt voller »Speise-, Spiel- und Tanzsäle, Bäder, Grotten, Baum- und Säulenreihen«, ein Ort, an dem »Ritterspiele, Gepränge und andere Lustbarkeiten des Hofes angestellt werden«, wie Pöppelmann selbst schrieb.

Viele Orte standen Pate für den Zwinger, von Versailles über Wien bis Rom. Und doch gelang es dem Architekten Matthäus Daniel Pöppelmann, ein ganz eigenes, unverwechselbares Ensemble zu schaffen.

DRESDEN, FRAUENKIRCHE

Keine Luftspiegelung in Gold und Weiß, sondern Wirklichkeit gewordener Traum: Die Frauenkirche, die sechzig Jahre lang als Ruine an die Tragödie des Krieges erinnerte, krönt wieder das Zentrum Dresdens.

Selbst den hartgesottenen Winston Churchill erschütterte die Zerstörung der Frauenkirche und des historischen Dresdens. Nach dieser Katastrophe wollte er keine Luftangriffe auf zivile Ziele mehr.

Sie ist das Symbol für die düsterste Stunde in der Geschichte Dresdens, aber auch für den Überlebenswillen dieser Stadt: In der Nacht vom 13. auf den 14. Februar wurde die Frauenkirche vom Feuersturm der alliierten Bomben verschlungen, als sinke sie in einen Höllenschlund hinab. Fortan erhob sich die Ruine als Mahnmal gegen den Krieg im Herzen Dresdens. Nach der Wiedervereinigung befanden die Dresdner, dass es der Mahnung genug und höchste Zeit sei, die alte Frauenkirche als Zeichen der Versöhnung wiederauferstehen zu lassen. Sie sammelten weit mehr als 100 Millionen Euro an Spenden, und am 30. Oktober 2005 war das Wunder der Rekonstruktion vollbracht.

MORITZBURG

Auch ein absolutistischer Herrscher braucht manchmal Entspannung. Deswegen ließ sich August der Starke das Jagdschloss Moritzburg zu einem barocken Lusttempel voller Luxus und Kostbarkeiten herrichten.

Absolutistische Herrscher sind von Natur aus unersättlich. Ein Paradebeispiel dafür ist August der Starke, Sachsens Vorzeige-absolutist. Ihm genügte es nicht, seiner Residenzstadt Dresden ein völlig neues Gesicht zu geben. Er machte sich auch über alle Schlösser in der Umgebung her, um sie nach seinem Willen umzugestalten – so wie über das Jagdschloss Moritzburg, das vom sächsischen Herzog Moritz im Stil der Renaissance errichtet worden war und unter August ein barockes Facelifting erhielt. Es ist anzunehmen, dass der Monarch hier nicht nur auf die Jagd ging, sondern sich auch anderen Lustbarkeiten hingab. Schließlich trug er nicht nur zur Dekoration seinen Beinamen, den er unter anderem der Fähigkeit verdankte, Hufeisen mit bloßen Händen entzweibrechen zu können. Auch seine Manneskraft bildete den Stoff für Legenden, wenngleich die ihm zugeschriebenen 354 Kinder wohl übertrieben sind. Dafür hat die Liste seiner Mätressen enzyklopädischen Umfang, die 1694 mit Gräfin Maria Aurora von Königsmarck beginnt und 1722 nach vielen Turbulenzen mit Freiin Henriette von Osterhausen, verheiratete von Stanislawski, endet.

Man sagt, es sei die bedeutendste Sammlung von Rothirschgeweihen auf der ganzen Welt. 71 Trophäen schmücken den Speisesaal von Schloss Moritzburg, darunter das größte Rothirschgeweih auf Erden.

SÄCHSISCHE SCHWEIZ

Kaum eine andere deutsche Landschaft hat so viele Künstler in ihren Bann geschlagen wie die Sächsische Schweiz. Vor allem Maler wie Caspar David Friedrich und Otto Dix ließen sich von ihr inspirieren.

Heimweh macht blind. Manchmal ist das freilich ein Segen, etwa für die Sächsische Schweiz, die der Sehnsucht nach der Heimat ihren schönen Namen verdankt. Und das kam so: Im Jahr 1766 wurden die beiden Schweizer Kunstprofessoren Anton Graff aus Winterthur und Adrian Zingg aus St. Gallen an die Dresdner Kunstakademie berufen. Schon bald erzählte man ihnen von einer wundersamen Landschaft südlich der Stadt, die den wenig verführerischen Namen Heide über Schandau oder auch Meißner Hochland trug. Die Herren Professoren wollten sich das mit eigenen Augen ansehen, fuhren hin und waren begeistert – nicht zuletzt wegen der heimatlichen Ähnlichkeit.

Dabei wirkt die Sächsische Schweiz selbst wie ein Kunstwerk. So spektakulär sind die Sandsteinskulpturen der Bastei, als sei in Wahrheit ein Bildhauer hier am Werk gewesen.

So tauften die Kunstprofessoren diesen Teil des Elbsandsteingebirges auf den Namen Sächsische Schweiz. Er setzte sich sofort durch, obwohl die grandiose Erosionslandschaft einzigartig ist und ohne Vergleiche auskommt. 100 Millionen Jahre haben die Elbe und ihre Nebenflüsse gebraucht, um gemeinsam mit ihren Verbündeten, dem Wind und dem Regen, das gewaltige Sandsteinplateau in eine zerklüftete Welt aus Felsnadeln und Steinspitzen, Schluchten und Graten und Tafelbergen zu verwandeln. Entstanden ist so ein überwältigender Skulpturenpark der Natur, ein Reich aus »schroffen und schauerlichen Felsriesen«, wie es in einer frühen Reisebeschreibung heißt.

BAD MUSKAU

In seinem Schloss, das der berühmteste deutsche Landschaftspark umgibt, hielt sich Fürst Hermann von Pückler selten auf. Lieber trieb er sich in der Welt herum und unterhielt sie mit seinen Kapriolen.

Fürst Hermann von Pückler-Muskau war das Enfant terrible der deutschen Aristokratie im 19. Jahrhundert – ein Lebemann und Frauenheld, der am liebsten exotische Pfauenkostüme trug und angeblich mehr Liebschaften hatte als Casanova. Doch der Fürst war nicht nur vergnügungssüchtig, sondern auch ein besessener Baumeister, der mit seinem Lieblingsprojekt den Ruhm der Unsterblichkeit erlangen sollte: mit dem Pücklerschen Park in Bad Muskau, dem großartigsten Landschaftspark Deutschlands, in dem der Fürst das Wachsen und Vergehen der Natur nachbildete – getreu seinem Motto: »Es ist die Freiheit der Bäume, nach der wir uns ebenfalls so sehnen.«

Die östlichste Stadt Deutschlands ist auch eine seiner schönsten und unversehrtesten: In der Altstadt hütet Görlitz Schätze der Renaissance mit dem Rathaus (links) und des Jugendstils im alten Kaufhaus (rechts).

Es ist eine Vorstellung, die Wehmut hervorbringt: Hätte es den mörderischen Wahnsinn des Zweiten Weltkrieges nie gegeben, sähen die meisten deutschen Städte heute so wunderbar aus wie Görlitz, das von den Bomben fast vollständig verschont wurde. Dank dieser Gnade der Geschichte drängeln sich heute 4000 Baudenkmäler in der Altstadt und machen aus ihr eine Schatzkiste der Architektur. Vor allem Spätgotik, Renaissance und Barock haben herrliche Spuren hinterlassen und zeugen von den großen Zeiten von Görlitz, das in Mittelalter und früher Neuzeit berühmt für seine florierende Tuchindustrie und das Handelsmonopol mit dem begehrten Färbemittel Waid war.

ERZGEBIRGE

Neben den Kostbarkeiten wie Silber, Zinn und Kobalt bietet das Erzgebirge auch Tieren wie Rothirschen Lebensraum. Und die St. Annenkirche in Annaberg-Buchholz gilt als größte Kirche der Spätgotik in Sachsen.

»Alles kommt vom Bergwerk her.« So lautete jahrhundertelang das Lebensmotto der Menschen im Erzgebirge, und treffender hätte es nicht sein können. Denn wie bei keinem zweiten deutschen Mittelgebirge prägte der Bergbau Land und Leute, war Segen, aber auch immer wieder Fluch. Schon 1168 fand man das erste Silbererz in der Nähe des heutigen Freiberg, wenig

später stieß man auch auf Zinnerz. Vor allem das Silber begründete Ruhm und Reichtum des Erzgebirges, war die Grundlage für die Blütezeit Sachsens und finanzierte Prunk und Pracht August des Starken. Nachdem das Silber zur Neige ging, erlebte der Bergbau einen dramatischen Niedergang, aus dem ihm das Kobalt wie eine gute Fee erlöste. Es wurde im 19. Jahrhundert zur Farbe Kobaltblau verarbeitet, auf deren Produktion Sachsen hundert Jahre lang das Weltmonopol besaß. Eine dritte, jedoch fragwürdige Blüte erlebte der Bergbau nach dem Zweiten Weltkrieg, als dort Uranerz für die sowjetischen Atombomben gefördert wurde. Heute ist der Bergbau Vergangenheit. Doch die Menschen begrüßen sich wie einst die Kumpel: mit einem herzlichen »Glück auf!«.

OBERLAUSITZER HEIDE- UND TEICHLANDSCHAFT

Hunderte von Teichen und Tümpeln bedecken die Oberlausitzer Heide- und Teichlandschaft. Rechts, im Uhrzeigersinn: Rotbauchunke, Grasschlange, Wolf, Kammmolch, Otter und Baumfrosch.

Niemand hat ihn jemals gesehen, doch die Menschen in der Oberlausitzer Heide- und Teichlandschaft schwören Stein und Bein, dass es ihn gibt: den »Wassermann«, ein rätselhaftes Wesen, das immer gut zu den Armen ist, aber auch sehr schlechte Laune haben kann. Und wo sonst als in dieser verwunschenen Welt aus Wäldern und Teichen am äußersten Rand Deutschlands könnte der »Wassermann« leben? Es ist das größte wirtschaftlich genutzte Teichgebiet Europas, in dem seit Jahrhunderten vor allem Karpfen, aber auch Hechte, Zander und Welse gezüchtet werden. Mehr als 300 Teiche gibt es in dem 30000 Hektar großen Gebiet. Anderen Lebewesen als dem Wassermann begegnet man in der Oberlausitz mit größerer Wahrscheinlichkeit. Denn hier haben es sich nicht nur die bedrohten Otter, sondern auch die seltenen Rotbauchunken, Grasschlangen, Baumfrösche und die bedrohlich aussehenden Kammmolche bequem gemacht. Manchmal kreuzt sogar ein einsamer Wolf die Wege der Menschen. Die Oberlausitzer Heide- und Teichlandschaft wurde daher von der UNESCO 1996 zum Biosphärenreservat erklärt.

DEUTSCHLANDS SÜDEN

Die Deutschen haben sich schon immer nach dem Süden gesehnt – und stellvertretend für alle Goethe, der sich nach dem Land der blühenden Zitronen verzehrte. Dabei muss man gar nicht so weit reisen, um die Leichtigkeit des Südens zu spüren. Wer jemals bei strahlendem Sonnenschein in einem bayerischen Biergarten saß oder durch die Weinberge des Kaiserstuhls wanderte, wer sich jemals an der Verschwendungssucht der Barockkirchen Oberschwabens berauschte oder sich am Ufer des Bodensees wie an den Gestaden des Mittelmeers fühlte, der weiß: Die Schönheit des Südens beginnt schon diesseits der Alpen.

HEIDELBERG

»Die Stadt, in ihrer Lage und mit ihrer ganzen Umgebung hat, man darf sagen, etwas Ideales.« Kein Geringerer als der weit gereiste Johann Wolfgang von Goethe fand diese lobenden Worte für Heidelberg.

Eigentlich hätten die Heidelberger den marodierenden Soldaten des Sonnenkönigs, die in den Wirren des Pfälzischen Erbfolgekrieges ihr schönes Schloss 1689 zerstörten, ein Denkmal der ewigen Dankbarkeit errichten müssen. Denn die Truppen Ludwigs XIV. hinterließen die berühmteste Ruine Deutschlands, die von Dichtern wie Friedrich Hölderlin oder Joseph von Eichendorff besungen,

von Malern wie William Turner dramatisch in Szene gesetzt und seit dem 19. Jahrhundert von Touristen aus aller Welt staunend bewundert worden ist. Heidelberg ist der Inbegriff der romantischen deutschen Stadt. Berühmt ist auch die von Kurfürst Ruprecht im Jahr 1386 gegründete Universität, deren einstige Arrestzellen (links) zu den beliebtesten Sehenswürdigkeiten gehören.

HEIDELBERG

Für fast alle Europa-Reisenden aus Übersee ist Heidelberg eine Pflichtstation. Denn kaum ein Ort kommt der Vorstellung von deutscher Romantik näher als die Stadt am Neckar mit ihrer Schlossruine am Kornmarkt.

Markgräfin Franziska Sibylla Augusta wollte mit ihren Hofdamen in Ruhe Tee trinken und ließ sich deswegen unweit des Schlosses die Pagodenburg errichten. Heute wird sie als Ausstellungshalle genutzt.

Man kann den heutigen Journalisten schon vorwerfen, dass ihre Sprache im Vergleich zu früheren Zeiten leidenschaftslos ist. Wer das bezweifelt, muss nur einmal die Eloge lesen, die das »Freiburger Wochenblatt« 1835 auf das Rastatter Schloss anhob: »Noch hat kein Sänger sich erhoben, Dich, hohes, edles Schloss zu loben. Und zu besingen Deine Pracht! Einst herrscht' im Schlosse reges Leben, und deutscher Helden kühnem Streben, ward hier man schallend Hoch gebracht!« Das ist sprachliche Ekstase mit einem wahren Kern. Denn das Rastatter Schloss, nach dem Vorbild von Versailles, ist tatsächlich eine der imposantesten deutschen Fürstenresidenzen.

Die symmetrische Fassade des Bruchsaler Barockschlosses ist schon grandios genug. Wer aber erst das zentrale Treppenhaus von Balthasar Neumann gesehen hat, wird noch überwältigter sein.

Welches ist der größte Schatz der nordbadischen Stadt Bruchsal? Kunstliebhaber werden sagen: das herrliche Barockschloss, das den Fürstbischöfen von Speyer einst als Residenz diente und die Handschrift des genialen Baumeisters Balthasar Neumann trägt. Die Liebhaber leiblicher Genüsse werden einwenden, dass dieses Schloss zwar wundervoll sei, der berühmte Bruchsaler Spargel es an Raffinesse aber selbst mit dem überschwänglichsten Barock aufnehmen könne. Folgt man der ersteren Fangemeinde, bilden zweifellos zwei Säle mit üppigem Stuck und Rokokofresken im Obergeschoss den Höhepunkt des prächtigen Herrensitzes.

KARLSRUHE

Das Schloss ist die Sonne, von der aus 32 Straßen strahlenförmig im Halbkreis wegführen: Das ist der Grundriss von Karlsruhe, das sich deswegen mit ebenso viel Stolz wie Recht »Fächerstadt« nennt.

Von Karlsruhe haben die wenigsten Menschen ein klares Bild. Dabei hat ausgerechnet Karlsruhe den markantesten Grundriss aller deutschen Städte, und das kam so: Im Jahr 1715 befand sich der badische Markgraf Karl Wilhelm laut der offiziellen Gründungslegende auf einem Jagdausflug, schlief dabei ein und träumte davon, genau an der Stelle seines Nickerchens eine neue

Hauptstadt zu errichten, die seine muffige Mittelalterresidenz Durlach ersetzen sollte. Der inoffizielle und weitaus beliebtere Geburtsmythos lautet hingegen, dass dem Markgrafen seine schwäbische Gattin auf die Nerven fiel und er sich deswegen Karlsruhe als Ausweichquartier baute. Dort konnte der passionierte Blumenzüchter ungestört seinen Interessen nachgehen. Wie dem auch sei: Markgraf Karl Wilhelm hat Bleibendes geschaffen. Denn er ließ Karlsruhe als Abbild der Sonne und ihrer Strahlen mit einem Fächergrundriss errichten, der später zum Vorbild für Washington wurde und bis heute die Topografie der Stadt in Baden bestimmt. Ein Denkmal ist ihm mit der Verfassungssäule vor dem Markgräflichen Palais gewidmet (links).

Baden-Baden ist der vornehmste und aristokratischste deutsche Kurort mit »dem schönsten Casino der Welt«, wie Marlene Dietrich meinte. Der Wintergarten mit Rotem Saal zeigt den beweisenden Ausschnitt.

Es gibt wenige Orte, denen es vergönnt ist, ihren Glanz durch alle Stürme der Zeiten bewahrt zu haben. Baden-Baden ist ein solches Glückskind der Geschichte. Seit die Römer hier vor 2000 Jahren Gefallen an den heißen Quellen fanden und die ersten Badeanstalten erbauten, ist Baden-Baden gut im Geschäft des Glamours. Schon im 16. Jahrhundert wurde erstmals eine Kurtaxe erho-

ben, Anfang des 19. Jahrhunderts entstanden Kurhaus, Casino und Grandhotels. Spätestens zu dieser Zeit war Baden-Baden endgültig in den Olymp der europäischen Kurorte für die Hocharistokratie aufgestiegen. Kaiser, Könige, Herzöge und Fürsten gaben sich die Klinke in die Hand, allen voran der russische Hochadel, dem Baden-Baden zur zweiten Heimat wurde.

ORTENAU

»Warm und feuchtlich ist der Ortenau«, schrieb der durchreisende Goethe über die Weinlandschaft zwischen Baden-Baden und Herbolzheim. Und er hatte recht: Sie wird tatsächlich von der Sonne verwöhnt.

An seinem westlichen Rand scheint der Schwarzwald seiner schwarzen Seele und dunklen Seiten endgültig überdrüssig zu sein und gönnt sich stattdessen einen Liebreiz, den man diesem finsteren Tann niemals zugetraut hätte: In der Ortenau wird er plötzlich zu einer Weinlandschaft, die so idyllisch ist, dass sie fast schon kitschig wirkt. Die Rebhänge tänzeln die steilen Flanken des Schwarzwaldes hinauf, überziehen sie mit ihrem akkuraten Muster und dem leuchtenden Grün kraftstrotzender Weinblätter. Hier gedeihen Rieslinge und Spätburgunder. In Gengenbach haben die alten Häuser sogar noch direkte Zugänge zu den Weinkellern (links). Der Dank für jede gute Ernte wird in Gengenbach in der Kirche St. Marien gelobpreist (rechts).

Die Ölbergkapelle bei Ehrenkirchen, 13 Kilometer südlich von Freiburg, liegt am Rande des Markgräfler Landes. Und hoch über der Rheinebene thront das Stephansmünster (kleines Bild).

Der ungeheure Erfolg des römischen Imperiums, des langlebigsten und folgenreichsten Großreichs der Weltgeschichte, war zu guten Teilen seiner Armee geschuldet. Ihre Schlagkraft wiederum verdankte sich den hoch motivierten Soldaten. Sie mussten sich zwar für 25 Dienstjahre verpflichten, wurden danach aber mit einem fruchtbaren Stück Land in den neu eroberten Gebieten ent-

lohnt und konnten so einen friedlichen und geruhsamen Lebensabend verbringen. Die Lieblingsgegend der Veteranen im frostigen Germanien war ein Landstrich ganz im Südwesten, den man heute als Markgräflerland kennt. Er wird vom Rhein umflossen, grenzt im Westen an Frankreich und im Süden an die Schweiz, hat ein außergewöhnlich warmes Klima und lösshaltige Böden, die sich bestens für die Landwirtschaft eignen. In dieser bukolischen Landschaft errichteten die römischen Veteranen ihre Villen, bauten Wein an, badeten in den heißen Quellen des rheinischen Grabenbruchs und ließen den Kaiser im fernen Rom einen guten Mann sein. Und genauso entspannt geht es im Markgräflerland bis heute zu, es scheint tatsächlich, dass hier das Glück wohnt.

FREIBURG IM BREISGAU

Freiburg ist eine Schatztruhe, die von allen Epochen der Geschichte mit Preziosen gefüllt wurde: Dazu gehören das Historische Kaufhaus, der ehemalige Gewerbekanal (unten links) und das Münster (unten rechts).

Würde man eine Liste der sympathischsten deutschen Städte erstellen, hätte Freiburg beste Chancen auf einen Spitzenplatz. Man wird lange suchen müssen, bis man einen Menschen findet, der diese Stadt nicht mag. Das Zentrum der beschaulichen Altstadt bildet der Münsterplatz. An dessen Südseite steht das famose Historische Kaufhaus, hier findet auch regelmäßig der

Wochenmarkt mit seinen lukullischen Verführungen statt und schließlich thront hier das Freiburger Münster, dessen Hochaltar von Hans Baldung Grien stammt. Früher diente der Gewerbekanal in der Freiburger Altstadt vielen Handwerksbetrieben zur Wasserversorgung und speiste die kleinen »Bächle«, die die ganze Altstadt Freiburgs noch heute durchziehen.

Eine achteckige spätgotische Brunnenkapelle schmückt den Kreuzgang (großes Bild). Links, von oben: Blick auf Hauptschiff und Kreuzrippengewölbe der Kirche, Kruzifix vor dem Lettner und das Herrenrefektorium.

»Die Kirchen glänzen von Gold, aber den Armen fehlt es an Brot. Sie bekleiden ihre Reliquien mit Gold, aber sie lassen ihre Kinder nackt.« Mit diesen Zornesworten geißelte Bernhard von Clairvaux, der berühmteste aller Zisterzienseräbte, die Verschwendungssucht der Kirche und verfügte, dass in den Klöstern seines Ordens Schlichtheit herrschen sollte. Wie überwältigend schön

diese Einfachheit sein kann, ist bis heute in Maulbronn zu bestaunen, der am vollständigsten erhaltenen mittelalterlichen Klosteranlage nördlich der Alpen – einem sakralen Gesamtkunstwerk, das auch in der Weltliteratur Niederschlag fand. Denn Dichter wie Friedrich Hölderlin und Hermann Hesse waren Absolventen des klostereigenen Gymnasiums und setzten ihm Denkmäler.

NÖRDLICHER UND MITTLERER SCHWARZWALD

Keine atemberaubenden Attraktionen, sondern stille, verborgene Schönheiten kann man im Nördlichen und Mittleren Schwarzwald entdecken – so wie die Wasserterrassen des Monbachtals.

Es gibt gewiss spektakulärere Landschaften als den Nördlichen und Mittleren Schwarzwald. Aber es gibt kaum eine Gegend, die in größerer Harmonie und Selbstgenügsamkeit in sich ruht als diese. Und ganz nebenbei beweist sie, dass der Verzicht auf Dramatik keine Langeweile bedeuten muss. Tagelang kann man hier durch dichte Wälder wandern, kommt dabei an rauschenden Bächen voller Forellen vorbei und stößt auf Abgründe, die Furcht einflößende Namen wie Teufelsschlucht tragen, aber ganz und gar nicht wirken wie die Behausung des Höllenherrschers. Nein, dieser Teil des Schwarzwalds taugt nicht als Kulisse für Schauerromantik, auch wenn er nichts von süßlichem Idyll hat.

Im Uhrzeigersinn: Schwarzwälder Freiluftmuseum »Lorenzhof«, Klosterkirche St. Peter, malerischer Wasserfall, Hexenlochmühle, Handschnitzerein im Gutachtal und Fachwerkhäuser in Schiltach im Kinzigtal.

»Herrgottsapotheke« – so nennen die Einheimischen gern ihre Heimat, den Nördlichen bis Mittleren Schwarzwald. Sie könnten genauso gut »Märchenland« sagen oder »Schlemmerland«. Alles trifft zu. Die Höhenluft und zahlreiche Thermalquellen sind der Gesundheit dienlich. In den verwunschenen Tälern und Dörfern geistert noch so manche Gestalt aus den Märchen von Wilhelm Hauff durch die Fantasie. Und Schlemmerland? Baiersbronn kann sich glücklich schätzen, gleich drei Restaurants mit Michelin-Sternen zu beherbergen, darunter die »Schwarzwaldstube« von Harald Wohlfahrt, der in allen Restaurantführern mit höchsten Bewertungen bedacht wird.

SÜDSCHWARZWALD

Weit und wild ist der Südschwarzwald immer noch, auch wenn er längst touristisch voll erschlossen ist. Die Aussichten sind einfach einmalig, wie beispielsweise in St. Margen.

Der Schwarzwald ist der berühmteste deutsche Wald. Im Ausland fast noch mehr als im Inland gilt er als Inbegriff des deutschen Tanns und als Symbol der abgöttischen Liebe der Deutschen zu ihren Bäumen. Dabei prägt vor allem der Südschwarzwald das Bild dieses Mittelgebirges. Hier kommen die meisten seiner Insignien her: die Schwarzwälder Kirschtorte und der Schnaps

Schwarzwälder Kirsch, der Bollenhut mit den roten Pompons und die inzwischen weltweit verbreitete Kuckucksuhr, schließlich der Schwarzwälder Schinken, der es nach Meinung der Feinschmecker mit jedem Parmaschinken aufnehmen kann. Und seit zwei Jahrhunderten gilt die Wutachschlucht als Sinnbild einer romantischen deutschen Waldlandschaft: Bis zu 170 Meter tief hat sich die Wutach im östlichen Hochschwarzwald durch das Gestein gefressen und einen dreißig Kilometer langen Canyon hinterlassen, der Malern und Dichtern Modell gestanden hat. Nur mit Bergen kann der Schwarzwald nicht auftrumpfen. Dennoch ist er ein beliebtes Ausflugsziel für Wanderer, allen voran der 1414 Meter hohe Belchen als vierthöchste Erhebung im Schwarzwald (links).

Unbändige Natur, elegant von feingeistiger Kultur ergänzt, im Uhrzeigersinn: das Kloster St. Trudpert, Wutachschlucht, der Dom St. Blasien und die Gletschermühle am Schwarzenbach.

LUDWIGSBURG

In nicht einmal dreißig Jahren ließ Herzog Eberhard Ludwig von Württemberg in Ludwigsburg ein riesenhaftes Barockschloss errichten – als Lustort und als Fanal seines absolutistischen Anspruchs.

Ludwigsburg, unweit von Stuttgart auf einer Hochfläche des Neckarbeckens gelegen, wird vor allem durch das Residenzschloss geprägt. So wie alle Fürsten des 18. Jahrhunderts nahm auch Eberhard Ludwig, Herzog von Württemberg, für sein Schloss das französische Versailles zum architektonischen Vorbild: geschwungene Treppenaufgänge, prächtige Säle und eine Spiegelgalerie. So entstanden ein gewaltiges barockes Ensemble an Bauten sowie ein großartiger Garten, der heute »blühendes Barock« genannt wird. Dort kann man entweder im Park lustwandeln oder bei einer Führung durch das Schloss alle weiteren Schönheiten entdecken.

Prunk im Stil von Rokoko und Klassizismus, Schloss Ludwigsburg beherrscht die Kunst der Übertreibung: im gigantischen Marmorsaal (großes Bild), bei den kunstvollen Deckenfresken und in der Ahnengalerie.

STUTTGART

Stuttgart ist auch ein Hort der Literatur, einige der größten Dichter Deutschlands wie Friedrich Schiller haben hier gewirkt: die Stuttgarter Stiftskirche mit der Schillerstatue auf dem Schillerplatz.

Seit einigen Jahren gehört Stuttgart zu den Lieblingsstädten der Deutschen. Woher das kommt, ist inzwischen den meisten klar: Neben der hohen Dichte an Arbeitsplätzen punktet die baden-württembergische Landeshauptstadt längst mit ihrem hochwertigen kulturellen Angebot. Nicht zuletzt sind aber auch die schöne Lage und der hohe Freizeitwert der näheren Umgebung Pluspunkte für die Stadt. Die Fußgängerzone der Königstraße gliedert als zentrale Achse die Innenstadt und zieht Einkaufslustige an. Genau in der Mitte der Königstraße liegt der Schlossplatz, eindrucksvoll gerahmt von Altem und Neuem Schloss, Königsbau und Kunstmuseum.

Im Uhrzeigersinn: Kunstmuseum am Schlossplatz, Schiller-Denkmal vor der Stiftskirche, Neue Staatsgalerie, Cannstatter Volksfest, Schloss Solitude und »Wilhelma«, der zoologisch-botanische Garten.

Im 19. Jahrhundert verwandelte sich Stuttgart vom kleinen Städtchen in die strahlende Residenz der württembergischen Herzöge und Könige. Sie errichteten Prachtbauten gleich im Dutzend wie das Neue Schloss, das Wilhelmspalais oder die Staatsgalerie und vergnügten sich in ihren weitläufigen Gartenanlagen, während sich das bürgerliche Publikum in der »Wilhelma« delektierte, einem der schönsten zoologischen Gärten Deutschlands. Doch auch geschafft wurde in Stuttgart immer und mehr als einmal Industriegeschichte geschrieben – wie von Gottfried Daimler, der 1887 in Cannstatt seine Daimler-Motoren-Gesellschaft gründete, als Pionier des Automobils.

STUTTGART, NEUES SCHLOSS UND SCHLOSSPLATZ

Das Herz und die Seele Stuttgarts: Neues Schloss und Schlossplatz sind der unbestrittene Mittelpunkt der Stadt, auch wenn in der prunkvollen Anlage schon lange keine Herzöge und Könige mehr leben.

Von wegen schwäbische Sparsamkeit! Der Schwabe kann auch ganz anders, jedenfalls wenn er Herzog ist. Der beste Beweis dafür ist die Geschichte des Neuen Schlosses in Stuttgart. Als Carl Eugen 1737 Herzog von Württemberg wurde, beliebte es ihm, seine Residenz wieder von Ludwigsburg nach Stuttgart zu verlegen, obwohl sein Vorgänger Eberhard Ludwig in dem Städtchen seines Namens gerade Unsummen für den Bau eines barocken Residenzschlosses ausgegeben hatte. Aber nein, der junge Herzog wollte partout in Stuttgart wohnen und brauchte eine passende Unterkunft. Also plünderte er die Staatskassen und begann 1746 mit dem Bau des Neuen Schlosses, das – jedenfalls für schwäbische Vorstellungen – gigantische, eines Sonnenkönigs würdige Summen verschlang. 1762 brannte auch noch der gerade errichtete Gartenflügel samt kostbarer Innenausstattung ab und der Herzog befahl den sofortigen Wiederaufbau. Erst 1807 war die Anlage endgültig fertig. Immerhin war sie so gelungen, dass die Schwaben den Kostenschock allmählich überwanden. Und heute lieben alle Stuttgarter ohnehin ihr Schloss.

STUTTGART, NEUES SCHLOSS UND SCHLOSSPLATZ

Herzog Carl Eugen nutzte das Neue Schloss nicht nur zum Regieren, sondern auch für seine privaten Liebschaften. Heute hat die Landesregierung hier ihren Sitz.

STUTTGART, STADTBIBLIOTHEK

Die abends beleuchteten Elemente der symmetrischen Beton-Glasbaustein-Fassade kennzeichnen die äußere Hülle der Stadtbibliothek. Über vier Ebenen erstreckt sich der Galeriesaal.

Die Stuttgarter tun sich schwer mit ihren Großprojekten. Das gilt nicht nur für die gigantische Bahnhofsbaustelle »Stuttgart 21«, sondern auch für die viel kleinere Stadtbibliothek am Mailänder Platz, die im Oktober 2011 eröffnet wurde. Der koreanische Architekt Eun Young Yi hat hier einen kompromisslosen Quader von 44 Metern Länge und vierzig Metern Höhe errichtet, mit einer

streng geometrischen Fassade aus Sichtbeton und Glasbausteinen und im Inneren der Heilslehre des Minimalismus gehuldigt. Viele, wenn auch nicht alle Stuttgarter sind begeistert von dem Gebäude, das sich nachts in eine riesenhafte Lichtskulptur verwandelt. Clou des Monolithen ist seine Zwiebelstruktur: Die äußere Hülle besteht aus Glasbausteinen und Beton – je neun mal neun Elemente auf jeder Seitenfläche –, der sich eine innere Hülle, eine leichte Glasfassade mit Blendschutz, anschließt. Man nutzt zudem Erdwärme zum Heizen und Teile des Gebäudes als Wärmespeicher, in den Dachlamellen verbergen sich Fotovoltaikanlagen und auch sonst ist das Gebäude ein ökologischer Energiesparmusterknabe. Vielleicht braucht es nur eine Zeit der Gewöhnung.

Zeitlose Eleganz: Die 1927 entstandene Weißenhofsiedlung, für die Architektengenies wie Le Corbusier und Mies van der Rohe verantwortlich zeichneten, hat absolut nichts von ihrer Schönheit verloren.

Es gab eine wunderbare Zeit in den Zwanzigerjahren, da glaubte man, durch gutes Bauen und gutes Design einen besseren Menschen schaffen zu können. Die Idealisten vom Bauhaus in Weimar und später in Dessau waren federführend bei dieser großen Idee, die keine Theorie blieb, sondern Wirklichkeit wurde: Kein anderer Architekturstil des 20. Jahrhunderts ist bis zum heutigen Tag einflussreicher und prägender als das Bauhaus, das Eingang in unser aller Alltag gefunden hat. Seine Wirkung schlug sich auch in Stuttgart schon früh nieder: Im Jahr 1927 fand im Stadtteil Weißenhof eine Ausstellung des Deutschen Werkbunds mit dem beiläufigen Namen »Die Wohnung« statt, für die einige der besten Architekten ihrer Zeit 21 Häuser schufen. Die Liste der Baumeister liest sich wie das Who is Who der modernen Architekturgeschichte: Peter Behrens, Le Corbusier (rechts oben), Walter Gropius, Ludwig Mies van der Rohe, Hans Scharoun (links und oben links), Bruno und Max Taut. »Die Wohnung« ist eine der bedeutendsten Architekturausstellungen aller Zeiten gewesen und die Weißenhofsiedlung gilt bis heute als Meilenstein und Meisterleistung.

AUTOSTADT STUTTGART

Der Ausstellungsraum des futuristischen Porsche-Museums schwebt dynamisch über dem Boden (großes Bild). Die Doppelhelix der DNA zeichnet das Atrium des Mercedes-Benz-Museums nach (kleines Bild).

Der deutsche Kaiser Wilhelm II. war nicht unbedingt mit prophetischen Gaben gesegnet. Eine seiner Prognosen betraf zum Beispiel vor rund 120 Jahren die Zukunft des Autos: »Das Automobil ist eine vorübergehende Erscheinung, das Pferd aber bleibt für immer«, meinte er felsenfest. Davon, dass es doch ein wenig anders gekommen ist, kann man sich in der Mercedes-Benz-

Welt mit Museum eindrucksvoll überzeugen. Dort zeichnet das Unternehmen, dessen Ahnherren Carl Benz und Gottfried Daimler das Automobil erfunden haben, auf neun Etagen von 17 000 Quadratmetern Ausstellungsfläche die Geschichte des Autos nach. Man erfährt, wie die Kutschen selbstständig zu fahren lernten und dass der Name Mercedes der Tochter von Gottfried Daimlers Chefverkäufer Emil Jellinek zu verdanken ist. Eine weitere Autolegende: Porsche, der Firmengründer der legendären Sportwagen, war auch mal bei Daimler angestellt. Doch dann machte er sich 1931 selbstständig, suchte sich als Firmenwappen das Stuttgarter Rössle aus und produzierte fortan erfolgreich die schicken Autos mit der hohen PS-Zahl.

Die legendären Silberpfeile mit ihren spektakulären Flügeltüren dürfen da selbstverständlich nicht fehlen, die der Marke Mercedes wie keinem zweiten Rennwagen Ruhm eingebracht haben: Typ 300 SL Coupé.

SCHWÄBISCHE ALB

Eine Landschaft voller Mythen und Legenden, im Uhrzeigersinn: Schloss Lichtenstein, Kirchheim unter Teck, Burg Hohenzollern, Wasserfall bei Bad Urach, Schloss Sigmaringen und die Quelle »Blautopf«.

»Mit großen Freuden sah er bald von der Bempflinger Höhe die Alb als eine wundersame blaue Mauer ausgestreckt. Nicht anders hatte er sich immer die schönen blauen Glasberge gedacht, dahinter, wie man ihm als Kind gesagt, soll der Königin Saba Schneckengärten liegen.« So begeistert lässt Eduard Mörike in seiner Novelle vom »Stuttgarter Hutzelmännlein« den armen Schuster Seppe die Schwäbische Alb erleben. Sein Glück sucht er auf der Alb und findet es zum Schluss, nicht ohne zuvor auf verbannte Meerjungfrauen zu stoßen und vergebens die Königin von Saba zu suchen. Und einen Hauch von Melancholie umgibt die Landschaft tatsächlich noch immer.

NATURPARK OBERE DONAU

Tief in den Jurafels der Schwäbischen Alb hat sich die junge Donau gegraben. Auf den Lichtungen sind Bläulinge, Perlmutterfalter und Apollofalter auf Skabiosen und Lilien zu entdecken (Bildleiste von oben).

Der zweitlängste Fluss Europas bietet in seinem oberen Teil Spektakuläres. Bis zu 200 Meter tief hat sich die Donau ins Kalkgestein der Schwäbischen Alb eingefressen. Zwischen Geisingen und Sigmaringen bildet sie ein Durchbruchstal, den Kern des Naturparks Obere Donau zwischen Immendingen und Ertingen sowie der Hochfläche des Großen Heubergs und den Ausläufern des Alpenvorlands. Von zahlreichen Felsvorsprüngen wie dem Knopfmacherfelsen zwischen Fridingen und Beuron bietet sich ein weiter Blick ins Tal und zum Kloster Beuron. Abschnitte des Donautals sind Naturschutzgebiet, etwa der Stiegelesfels mit seinen Magerwiesen.

HEGAU

»Hegau-Majestäten« nannte der Schriftsteller Martin Walser die isolierten Vulkankegel dieser Gegend nordwestlich des Bodensees: Aussicht vom Rosenegg (großes Bild) und der Mägdeberg (kleines Bild).

Unter einer Linde vor dem Hohentwiel-Hotel mitten im Hegau soll vor 150 Jahren ein verschrobener Dichter gesessen und seinen Roman »Ekkehard« geschrieben haben. Joseph Victor von Scheffel hieß dieser Mann, der mit seinem Werk der wilden Vulkangegend des Hegau ein literarisches Denkmal setzte und dabei einen Sensationserfolg mit mehr als 300 Auflagen landete. Die Vulkane

stehen als Solitäre derart auffällig in der Landschaft, dass sie der Dichter Ludwig Finckh »des Herrgotts Kegelspiel« nannte. Und noch eine Besonderheit haben diese Kegel: Unterhalb der Festungsruine Hohentwiel liegt der höchste Weinberg Deutschlands auf 560 Meter Höhe, von dessen Gewächsen bestimmt auch der Dichter Scheffel gekostet hat.

»Schwäbisches Meer« wird der Bodensee liebevoll genannt, an dessen Ufern sich mächtige Festungen wie die Meersburg erheben. Und dieser riesige See wirkt tatsächlich so, als sei er ein kleines Meer.

Wenn ein See schon das Privileg genießt, einen berühmten Schriftsteller in seiner Ufernähe zu haben, dann soll er hier auch zu Wort kommen. Dem Bodensee ist das mit Martin Walser vergönnt, einem bekannten Autor der deutschen Nachkriegsliteratur, der sich auch für die Schönheit der Landschaft einsetzt. Und er schreibt: »Kann man, darf man einer Gegend Zärtlichkeit nachsagen?

Die Gegend, das ist der See und das sind diese immer rund verlaufenden Hügel am See. Auch das Hinterland rundet sich so von Hügel zu Hügel. Tausendfach. Und keine zwei dieser runden Höhen sind einander gleich … Also schroff ist hier nichts. Auch wenn da und dort eine Molassewand steil tut. Und der See. Von allen Eiszeitgeschenken ist er das bedeutendste …«

INSEL REICHENAU

Im Jahr 724 gründete der Abt Pirmin auf Reichenau das Kloster St. Maria und Markus (großes Bild). Links oben: die romanische Kirche St. Georg, links unten: die Chorapsis von St. Peter und Paul.

Er wurde »Strabo« genannt, der Schielende, und wer ihn nicht kannte, hätte ihn vielleicht für einen Einfaltspinsel halten können. Doch Walahfrid, der Anfang des neunten Jahrhunderts in Alemannien geboren wurde, war einer der brillantesten Köpfe seiner Zeit, den manche sogar mit Vergil verglichen. Walahfrid wurde Mönch, wirkte im Benediktinerkloster Reichenau auf der gleichnamigen

Insel im Bodensee, machte es zu einer der einflussreichsten Abteien des Frankenreiches, legte dort einen Garten mit Heilkräutern an und schrieb darüber das berühmte Lehrgedicht »Hortulus«. Es war die erste Anleitung zum Gartenbau in Deutschland überhaupt und sollte für Jahrhunderte die Grundlage des Heilwissens von Pflanzen sein. 1991 ist der Garten im Kloster originalgetreu wieder angelegt worden. Auch heute noch gedeiht er prächtig, weil das milde Klima auf der Insel für die Landwirtschaft ein Segen ist. Und so ist Reichenau ein einziger duftender Obst- und Gemüsegarten voller Tomaten und Gurken, Radieschen und Sauerampfer, Basilikum und Melisse. Strabo hat also immer noch recht: »Du, Reichenau, versorgst uns mit allem, was wir brauchen.«

Am Anfang war eine kleine Marienstatue, die Wunder wirkte und Lahme wieder gehen ließ. Heute steht ihr zu Ehren in Birnau eine der fantastischsten Schöpfungen des oberschwäbischen Barock.

Ist Gottes Himmelreich so verlockend, dass man alles unternimmt, um dorthin zu gelangen? Übersteigt die Pracht des Allmächtigen jede menschliche Vorstellungskraft? Und lohnt sich auch der ganze Aufwand, um ins Paradies zu kommen? Das sind Fragen, die sich zweifelnde Christen seit 2000 Jahren stellen. Und in der Wallfahrtskirche von Birnau am Nordufer des Bodensees werden

sie beantwortet: Gottes Macht und Pracht sind so grandios, dass der Mensch nur staunend in die Knie sinken kann. Der Beweis dafür ist diese Marienkirche, die ihre Besucher mit ihrem barocken Überschwang geradezu erschlägt. Sie ist eine einzige Orgie aus Fresken und Putten, Blattgold und Altären, Marmor und Stuck. Schuld daran ist eine wundertätige Marienstatue, die schon im Mittelalter Hunderttausende Pilger nach Birnau gelockt hat. Rund um ihr bescheidenes Kapellchen hat man Schritt für Schritt immer größere, opulentere Kirchen gebaut, bis schließlich der Birnauer Gottespalast entstand. Und zur Gottesmutter pilgert man bis heute, in der Hoffnung auf Wunder oder zumindest wegen der Aussicht auf einen grandiosen Kunstgenuss.

ULM

Blick von der Neutorbrücke auf das Ulmer Münster: Das imposante Gotteshaus bestimmt das Stadtbild und ist die größte protestantische Pfarrkirche.

Wenn man von Stuttgart nach München fährt, taucht irgendwann am Horizont eine Fata Morgana in der flachen Landschaft auf: ein Turm, schlank wie ein Speer, unwirklich wie die Fontäne eines Geysirs und so unfassbar hoch, dass er den Himmel aufzuspießen droht. Doch je näher man kommt, umso hartnäckiger hält sich die Fata Morgana, bis sie schließlich Stein gewordene Wirk-

lichkeit ist und man vor dem höchsten Kirchturm der Erde steht – dem 161,53 Meter hohen Hauptturm des Ulmer Münsters, der erst 1890 vollendet wurde, obwohl man mit dem Bau des Gotteshauses schon 1377 begonnen hatte. Dass Ulm diesen Weltrekord hält, ist kein Zufall. Denn im Mittelalter war diese stolze Bürgerstadt eine der wohlhabendsten des gesamten Reiches. »Ulmer Geld regiert die Welt«, lautete damals ein Sprichwort. Und ein anderes besagte: »Hätt' ich Venedigs Macht und Augsburgs Pracht, Nürnberger Witz, Straßburger G'schütz und Ulmer Geld, so wär' ich der Reichste in der Welt.« Von diesem Glanz Ulms, das sich früher als jede andere deutsche Stadt eine Verfassung mit bürgerlichen Rechten gab, ist wenig geblieben.

KLOSTER WIBLINGEN

Hier studiert man gern – wenngleich es bestimmt nicht leicht ist, sich angesichts all dieser Schönheit auf den Inhalt der Bücher zu konzentrieren: die Bibliothek von Kloster Wiblingen bei Ulm.

Ein Geist geht um in der Bibliothek des Klosters Wiblingen südlich von Ulm, weil sein Gewissen keine Ruhe findet und er sich vor der Strafe des Allmächtigen fürchtet. Es ist der Geist des Paters Johannes, der einst als Benediktinermönch im Kloster lebte und eines Tages einer vornehmen Dame die Beichte abnahm. Da er schon älter war und allmählich vergesslich wurde, schrieb er das Gebeichtete auf einen Zettel, den er in einem Buch verwahrte. Bald aber vergaß er auch, in welches Buch er das Papier gesteckt hatte. Kurz darauf starb Bruder Johannes, doch sein Gewissen fand keinen Frieden. Denn er wusste, dass bei der Beichte das Gebot der absoluten Verschwiegenheit befolgt werden musste – und er hatte es mit seinem Zettel gebrochen. Also wandert er seither Nacht für Nacht durch die Bibliothek und sucht das Buch mit dem unglückseligen Papier. Die Ruhelosigkeit des vergesslichen Beichtvaters Johannes ist nur eine von vielen Legenden, die sich um das Kloster Wiblingen ranken – und noch eine harmlose, wenn man sie mit dem schrecklichen Schicksal des schwarzen Magiers Mauritius vergleicht.

KLÖSTER UND KIRCHEN IN OBERSCHWABEN

Mehr als hundert fantastische Kirchen, Klöster und Schlösser wie das Münster Zwiefalten verbindet die Oberschwäbische Barockstraße, die zu den ältesten deutschen Ferienstraßen gehört.

Katholiken und Protestanten glauben an denselben Gott, ehren ihn aber auf ganz unterschiedliche Weise, wenn man die Grenze zwischen dem strengen pietistischen Württemberg und dem lebensfrohen katholischen Oberschwaben überquert. Man kommt von einer Gegend, der jede Form von Überschwang und Übertreibung suspekt ist, in einen Landstrich, dem es gar nicht pracht- und prunkvoll genug sein kann. Stand man eben noch in Kirchen, die sich in rigoroser Askese jeden Schmuck verbieten, wird man jetzt mitgerissen von den himmlischen Heerscharen an Heiligen, Erzengeln, Gottesmüttern und Gottessöhnen, die hier die Kirchen bevölkern.

Im Uhrzeigersinn: Wallfahrtskirche St. Peter und Paul in Steinhausen, Stadtpfarrkiche St. Martin in Biberach an der Riß, St. Martin in Weingarten, Chorraum St. Martin in Biberach, St. Magnus in Schussenried.

Dutzende verschwenderisch ausgestatteter Kirchen, Klöster und Schlösser machen Oberschwaben zum »Himmelreich des Barock«, wie man sagt. Die größte Barockbasilika Deutschlands auf dem Martinsberg von Weingarten steht nur ein paar Kilometer entfernt vom Kloster Ottobeuren, der am besten erhaltenen Abtei des 18. Jahrhunderts. Und wieder nur einen Steinwurf weiter stößt man auf die Skulptur des frechen Honigschleckers in der Wallfahrtskirche Birnau, um schließlich in Steinhausen jenes Gotteshaus zu bewundern, das als die schönste Dorfkirche der Welt gilt. Am besten folgt man den Spuren der Barockkünstler auf der Oberschwäbischen Barockstraße.

ASCHAFFENBURG

Der markanteste Punkt einer unterschätzten Stadt: Schloss Johannisburg thront über Aschaffenburg wie die Akropolis über Athen. Und ein mediterranes Flair sagt man der Stadt völlig zu Recht nach.

Es spricht für den Humor einer Stadt, wenn sie eine Witzfigur wie den Maulaff als ihr Maskottchen erwählt. Aschaffenburg hat es getan, und vielleicht war es ja eine Trotzreaktion darauf, dass der Ort bis heute ein wenig im Schatten seiner beiden großen Schwestern Frankfurt und Würzburg steht. Der Maulaff also ist ein derber Geselle in der Tracht der Spessart-Bauern, der Ende des 18. Jahrhunderts von zwei Bildhauern zur Belustigung der höfischen Gesellschaft geschaffen wurde. Er reißt seinen Mund weit auf, und es war die Aufgabe der besseren Stände, eine Kugel in sein Maul zu werfen. Über viele Umwege landete der Maulaff im Aschaffenburger Schlossmuseum, in dem er heute auch das gemeine Volk amüsiert. Es ist indes ein ausgewähltes Publikum, denn die meisten Touristen rauschen von Frankfurt nach Würzburg an Aschaffenburg vorbei – und verpassen eine Stadt, die mit Schätzen aus der Renaissance und der Zeit des Klassizismus lockt, mit Perlen wie dem Pompejanum oder Schloss Johannisburg. Selber schuld, kann man den Ignoranten nur zurufen! Zumindest einem Aschaffenburger aber ist das schnurzegal: dem Maulaff.

NATURPARK BAYERISCHER SPESSART

Der Spessart ist eines der größten Laubwaldgebiete Deutschlands und Heimat für Damhirsche, Mufflons und Luchse. In einem verschwiegenen Tal versteckt liegt das Wasserschloss Mespelbrunn (unten).

Wieso nur lieben die Deutschen ihren Wald inbrünstiger als alle anderen Völker Europas? Franzosen, Spanier oder Briten käme es niemals in den Sinn, Bäume als Naturwunder zu verherrlichen und den Seelengrund ihrer Nation im Dickicht des Unterholzes zu vermuten. Die Deutschen machen das spätestens seit den romantischen Dichtern mit Begeisterung, und der Grund dafür

ist klar: Nirgendwo in Europa gibt es schönere Wälder als in Deutschland. Zu den schönsten gehört ohne Zweifel der Spessart, dessen bayerischer Teil sich im äußersten Nordwesten des Bundeslandes erstreckt. Kaum 600 Meter ragt dieses Mittelgebirge auf, das schon 1961 zum Naturpark erklärt wurde und damit der Pionier unter den Schutzgebieten in Bayern war.

Vor allem im zentralen Hochspessart, der zu neun Zehnteln bewaldet ist, findet man wahre Wunder an Bäumen: mächtige Eichen, die viele Hundert Jahre alt sind, oder Buchen, die so hoch in den Himmel aufragen wie Kathedralentürme. Und dazwischen zeugen Gräber aus der Bronzezeit von einer Besiedlung seit prähistorischen Zeiten. Zweifellos ist dieser Wald besonders.

MITTLERES MAINTAL

Es gibt keine anmutigere Kulturlandschaft als einen Fluss, dessen Ufer von Weinreben gesäumt sind – das Mittlere Maintal, wie bei Volkach-Köhler, ist seit Jahrhunderten die Heimat der besten Frankenweine.

Im Grunde ist es müßig, darüber zu streiten, welches das schönste Weinbaugebiet Deutschlands ist. Doch es macht Spaß. Ist es die Mosel mit ihren Steillagen oder doch die Pfalz mit ihrem südländischen Charme? Kommt man allerdings ins Mittlere Maintal, das Herzland des Frankenweins, will man spontan ausrufen: Schöner als hier geht es wirklich nicht! Bis zu hundert Meter tief hat sich der Main in den Kalkstein gegraben und mäandert jetzt übermütig durch Franken, an seinen Ufern flankiert von schwindelerregenden Weinbergen und hübschen Winzerdörfern, in denen man bei einem Glas fränkischen Weins genussvoll über Deutschlands bestes Weinbaugebiet weiterstreiten kann.

Eines pittoresker als das andere: Mittelalterliche Städtchen mit Burgruinen und Fachwerkhäusern säumen das Untere Maintal: Stadtprozelten (großes Bild), Wertheim, Miltenberg oder Homburg (Bildleiste von oben).

Der Main ist ein eigenwilliger Fluss. Er hat es sich in den Kopf gesetzt, als einer der wenigen Flüsse in Europa von Ost nach West zu fließen. Die Loire macht es ihm gleich, auch Tajo und Duoro in Spanien und Portugal sind solche Sturköpfe. Der Main trödelt auf seinem Weg zum Rhein zu allem Überfluss auch noch ein wenig ziellos nach Nord und Süd, bis er im Unteren Maintal endgültig seine Richtung findet. Hier stehen mittelalterliche Städtchen wie Neustadt, Rothenfels oder Wertheim Spalier, als wollten sie dem Fluss ehrfürchtig ihre Gunst erweisen. Doch der Main, so will es mitunter erscheinen, kümmert sich nicht um seine schönen Verehrerinnen am Ufer. Er ist eben ein Dickschädel.

WÜRZBURG

Fürsten, die gleichzeitig Bischöfe waren, herrschten jahrhundertelang über Würzburg. Das sieht man auch heute, schon an der Silhouette. Der heilige Kilian wacht über der Alten Mainbrücke (kleines Bild).

Nicht einen Schritt kann man in Würzburg tun, ohne der Stadt ihre ruhmreiche Geschichte anzumerken. Heute mag sie nicht mehr in der ersten Reihe stehen, doch die fantastischen Zeugnisse ihrer Vergangenheit kann ihr niemand nehmen. Uralt ist Würzburg, im Jahr 704 wurde es zum ersten Mal in einer Urkunde erwähnt, und schon sehr früh erlangte der Ort eine überragende Bedeutung. Silbermünzen, die in Würzburg geprägt wurden, fanden ihren Weg bis an den äußersten Rand Europas und Ritter aus dem ganzen Heiligen Römischen Reich ihren Weg nach Würzburg: 1127 wurde hier das erste Ritterturnier auf deutschem Territorium ausgetragen. Doch nicht nur Männern mit starken Armen gefiel es in der mittelalterlichen Metropole am Main. Auch Geistesgrößen zog es in Scharen hierher. Denn schon 1402 wurde in Würzburg eine »Hohe Schule« gegründet, aus der die Julius-Maximilians-Universität hervorgehen sollte. Damit besitzt Würzburg die älteste Universität Bayerns, deren Studenten heute in denselben Wirtshäusern ihren Wein trinken können wie ihre Kommilitonen vor 600 Jahren.

Doch wer fromm ist, kann auch lustig sein. Und so gibt es in Würzburg seit Urzeiten berühmte Weingüter mit noch berühmteren Weinkellern wie das Juliusspital oder das Bürgerspital zum Heiligen Geist.

WÜRZBURG, RESIDENZ

»Einzigartig, außergewöhnlich, vollkommen«: Dieses enthusiastische Urteil fällte die UNESCO über die Neue Residenz der Würzburger Fürstbischöfe und erklärte sie deswegen 1981 zum Welterbe.

Fürstbischof Johann Philipp Franz von Schönborn war kein Mann der Selbstzweifel, im Gegenteil: Er war ein absolutistischer Herrscher, der sich als Mittelpunkt der Welt sah und deswegen auch eine angemessen prunkvolle Residenz verdiente. Schloss Marienberg, die Wohnstatt der Würzburger Fürstbischöfe seit dem 13. Jahrhundert, befand er seiner nicht würdig. Und so veranlasste er 1719 den Bau einer neuen Residenz, deren Glanz alles überstrahlen sollte, was die Welt jemals gesehen hatte. Nur die besten Baumeister, Bildhauer und Maler engagierte der Fürstbischof, scheute weder Kosten noch Mühe und sollte doch sein kolossales Werk nie vollendet sehen.

Etwas nüchterner, aber nicht weniger begeistert zeigte sich knapp 200 Jahre zuvor Kaiser Napoleon Bonaparte. Er nannte die Residenz mit anerkennendem Spott »den schönsten Pfarrhof Europas«.

Denn schon 1724 starb Fürstbischof Schönborn. An der Neuen Residenz aber wurde unter der Leitung des großartigen Architekten Balthasar Neumann weitergebaut, bis der grandioseste Rokokopalast Deutschlands entstand, »das einheitlichste und außergewöhnlichste aller Barockschlösser«, wie die UNESCO bei der Aufnahme der Residenz in die Liste des Welterbes befand. Ihr Höhepunkt ist das Treppenhaus mit dem größten Deckenfresko der Welt, das der venezianische Großmeister Giovanni Battista Tiepolo schuf. Auf fast 700 Quadratmetern Fläche verherrlicht es die Fürstbischöfe und lässt sie von allen Erdteilen feiern, ganz nach Schönborns Wünschen.

FRÄNKISCHE RHÖN

Die Fränkische Rhön ist für ihre Hutebuchen bekannt (großes Bild). Bildleiste von oben: Kreuzigungsgruppe am Michaelsberg in Heustreu, Kirchenburg Ostheim, Zehnthaus in Nordheim, Obere Pforte in Fladungen.

Wild ging es in der Fränkischen Rhön früher zu, Raubritter und andere üble Gesellen machten das Gebirge unsicher. Da war es selbst für Kirchen wie hier in Ostheim geboten, sich mit Mauern zu schützen.

Die Rhön ist kein Riese. Mit 1500 Quadratkilometern gehört sie zu den kleineren deutschen Mittelgebirgen. Dafür gibt es sie gleich in dreifacher Ausführung: als Fränkische, Hessische und Thüringische Rhön. Fragmentiert ist sie schon immer gewesen. Im Mittelalter teilten sie Raubritter unter sich auf, der Wiener Kongress schlug die Grenzen zwischen Bayern, Hessen und Thüringen mitten durch das Gebirge, und im Kalten Krieg zerschnitt die Zonengrenze die Rhön. Geschadet hat ihr all das nicht, im Gegenteil. Denn so hat jeder der drei Teile einen ganz eigenen Charakter entwickelt – und jeder Teil, natürlich auch der fränkische, kann von sich behaupten, der schönste zu sein.

BAMBERG

Im Gegensatz zu Nürnberg oder Würzburg wurde Bamberg im Zweiten Weltkrieg kaum beschädigt. Das Alte Rathaus an der Regnitz trägt an seiner Fassade kunstvolle Fresken (unten rechts).

Wenn man ein Bamberger ist, hat man viele Gründe, auf seine Heimatstadt stolz zu sein: auf die tausendjährige Geschichte des Ortes, der 902 erstmals urkundlich erwähnt wurde, weil sich konkurrierende Ritter gegenseitig die Köpfe einschlugen; oder auf das Glück, dass Bamberg den größten, vollkommen erhaltenen Stadtkern in Deutschland besitzt, ein Kleinod, in dem man sich

fühlt, als habe man eine Zeitreise unternommen; oder aber man ist stolz darauf, dass sich Bamberg mit Fug und Recht als Deutschlands Bierhauptstadt bezeichnen kann, weil es an keinem anderen Ort der ganzen Welt eine höhere Dichte an Brauereien gibt als hier. Bier ist in Bamberg noch liebevolle Handarbeit und keine industrielle Massenproduktion.

Der romanisch-gotische Bamberger Dom birgt innen eine wertvolle Ausstattung, etwa den Radleuchter im Westchor (Mitte) mit seinem prächtigen Chorgestühl oder den berühmten »Bamberger Reiter« (rechts).

Es war einmal ein Mädchen, das war die Tochter des Wärters am Bamberger Jakobstor, und es war so schön, dass ihr viele Männer den Hof machten. Das Mädchen aber widerstand den Versuchungen, woraufhin die Männer böse Gerüchte in die Welt setzten. Der Wärter glaubte ihnen und ließ seine eigene Tochter zum Tode verurteilen. Das Mädchen wurde zum Schafott geführt, doch

vor dem Fürstentor des Doms warf es sich nieder und flehte die Heilige Jungfrau Maria an, sie möge es vor der Schmach der Hinrichtung bewahren. Und siehe da, ein Ziegel fiel vom Dach des Doms herab und erschlug das Mädchen. Daraufhin errichteten die reumütigen Bamberger zu Ehren der Unschuldigen und der Jungfrau jeweils eine Bildsäule, die bis heute zu sehen sind. Dies ist nur eine von vielen Legenden, die sich um den Dom zu Bamberg ranken, der das einzige Grab eines Papstes nördlich der Alpen beherbergt und vor dessen Adamsportal einst Ehebrecherinnen in Trauerkleidern mit einer Kerze in der Hand Buße tun mussten. Ein Relief der Domgründer Kaiser Heinrich II. und Kaiserin Kunigunde ist über dem Portal der Alten Hofhaltung zu sehen (links).

BAMBERG, NEUE RESIDENZ

Die Neue Residenz zu Bamberg beherbergt wahre Schätze räumlicher Gestaltung, herausragend dabei der Kaisersaal, der über und über mit Decken- und Wandgemälden von Melchior Steidl ausgeschmückt ist.

Zum Glück gab es früher keinen Bundesrechnungshof. Denn er hätte alles versucht, um zu verhindern, dass sich die Bamberger Fürstbischöfe einen so verschwenderischen Wohnsitz wie die Neue Residenz errichteten. Im Jahr 1602 wurde mit dem Bau im Stil der Renaissance begonnen. Hundert Jahre später war die Residenz vollendet, deren zweite Hälfte ein barockes Gesicht erhielt. Mit den

vierzig Prunkräumen konnten die Bamberger Herrscher jetzt prahlen, die sich als Sonnenkönige in der fränkischen Provinz wähnten. Bildnisse römischer Kaiser, Wandmalereien der vier antiken Weltreiche und Allegorien auf den Ruhm der Erbauer schmücken die Residenz der Fürstbischöfe. In der Alten Hofhaltung ist heute das fränkische Heimatmuseum untergebracht (links).

Ganz klein, so winzig wie ein Wurm sollte sich jeder Bittsteller fühlen, der die Neue Residenz betrat – und im Angesicht all des Prunks noch nicht einmal daran denken, seine Bitte vorzubringen.

BAYREUTH

Bayreuth verdankt Markgraf Friedrich, der von 1735 bis 1763 regierte, seine imposantesten Repräsentationsbauten, darunter das Neue Schloss im Rokokostil mit Eremitage.

Nicht alle Städte können Lieblingskinder des Schicksals sein. Manche müssen sich damit begnügen, nur die zweite Geige zu spielen. Und ganz wenigen Orten ist das Glück vergönnt, dass sich ihr Schicksal wendet und aus der zweiten Geige die strahlende Solostimme wird. Immer wieder wurde die Stadt verwüstet, geplündert, in Brand gesteckt. Die Pest richtete Verheerungen an, der Dreißigjährige Krieg und die Mordlust der Hussiten, die besonders grausam waren. Als sie 1430 Bayreuth überfielen, trieben sie Priester, Mönche und Nonnen auf dem gefrorenen Roten Main zusammen, übergossen sie mit Wasser, ließen sie so zu Eissäulen erstarren und elendig erfrieren. Es gab auch eine glückliche Epoche in der Stadtgeschichte, als Markgraf Friedrich ein Schloss mit Eremitage, einen Sonnentempel und ein Opernhaus errichten ließ. Doch Friedrichs Regentschaft dauerte keine dreißig Jahre. Seinen Nachfolgern hinterließ er leere Kassen, 1769 war Bayreuth so gut wie bankrott und fiel in einen Dornröschenschlaf, aus dem es hundert Jahre später ein Prinz erwecken sollte: Richard Wagner.

Zu den eindrucksvollsten Hinterlassenschaften des Markgrafen gehört das barocke Opernhaus. Es zählt heute zu Europas besterhaltenen und schönsten Barocktheatern.

WAGNERS BAYREUTH

Der Grüne Hügel in Bayreuth sollte zum Gralshüter seiner Opern werden. Der Wunsch Richard Wagners ging in Erfüllung. Gemälde unten rechts: Wagner mit Ehefrau Cosima und deren Vater Franz Liszt.

Wagner ist Bayreuth, und Bayreuth ist Wagner. Eine so enge, oft triumphale, manchmal aber auch unheilvolle Verbindung zwischen einem Komponisten und einer Stadt gibt es kein zweites Mal auf der Welt. Im April 1870 beschloss Wagner, in Bayreuth den Heiligen Gral seiner Opern aufzustellen. Er ließ eigens ein Opernhaus auf dem Grünen Hügel errichten, das fortan zur Musterspielstätte

seiner Werke werden sollte. Im August 1876 fanden die ersten Festspiele statt, die in der Folgezeit immer wieder mit Geldnöten zu kämpfen hatten. Seit 1882 strömten zunächst unregelmäßig, ab 1951 dann aber jedes Jahr Musikliebhaber aus aller Welt auf den »Grünen Hügel«, neugierig auf jede Neuinterpretation der seinerzeit revolutionären Musikdramen.

Kein anderes Opernfestival findet mehr Beachtung als die Festspiele zu Ehren Richard Wagners, der mit seiner Familie im Haus Wahnfried wohnte. Im heutigen Museum stehen die Büsten von ihm und seiner Frau.

FRÄNKISCHE ALB

Eine Bergwelt en miniature: Kaum mehr als 650 Meter ragt die Fränkische Alb auf, die zwischen Nürnberg, Bayreuth und Regensburg liegt. Großes Bild: Staffelberg, unten: Blick vom Walberla bei Forchheim.

Die Schweizer glauben, dass ihr schönes Ländchen einmalig sei. Da haben sie sich aber gründlich getäuscht. Denn Schweizen gibt es überall, in Holstein, in Sachsen, in Böhmen, sogar in Mecklenburg, überall dort also, wo die Landschaft die Menschen an das Urbild einer überwältigenden Bergwelt erinnert. Auch Bayern hat seine Schweiz: die Fränkische Schweiz, die den Nordteil der

Fränkischen Alb östlich von Nürnberg bildet. Romantische Reisende, die im frühen 19. Jahrhundert in die Gegend kamen, gaben ihr den verheißungsvollen Namen und lieferten die Begründung gleich mit – so wie der Bamberger Privatgelehrte Dr. Joseph Heller: »Unter die reizendsten und angenehmsten Gegenden Deutschlands gehört gewiss jene um Muggendorf, indem hier in mannigfaltigen Richtungen fruchtbare Täler mit bald sanft ansteigenden, bald jäh sich erhebenden Bergreihen zu einem an den reizendsten Naturschönheiten reichen Ganzen auf einer kleinen Fläche sich vereinigen. Mit Recht führt dieser obschon kleine Erdstrich doch die Benennung der Fränkischen Schweiz. Was die Schweiz im Großen gibt, findet man hier in verjüngtem Maßstabe.«

Großes Bild: der Rötelfels mit Blick auf Alten- und Wiesenttal. Bildleiste von oben: natürliches Felsentor bei Neudorf, Buchenwald am Rötelfels, Druidenhain bei Wohlmannsgesees, Wasserrad im Wiesenttal.

NÜRNBERG

Genau so, wie man sich eine mittelalterliche deutsche Stadt vorstellt: Hauptmarkt in Nürnberg. Und es ist bei Weitem kein Museum, sondern ein Ort von beneidenswerter Lebensqualität und Gelassenheit.

Es ist nur ganz wenigen Städten vergönnt, zur Patin und Namensgeberin kulinarischer Spezialitäten zu werden. Nürnberger Rostbratwürste und Nürnberger Lebkuchen kennt man in der ganzen Welt und schätzt diese Delikatessen vor allem wegen ihrer vielen Gewürze und exotischen Aromen. Das wiederum ist kein Zufall, sondern eine köstliche Erbschaft von Nürnbergs Geschichte. Denn im Mittelalter und in der frühen Neuzeit war die Stadt einer der wichtigsten Handelsorte in Deutschland für Gewürze aus dem fernen Asien. Sie kamen über Venedig nach Europa, wurden nach Nürnberg weitertransportiert und von hier aus im ganzen Reich verteilt.

Im Uhrzeigersinn: die Kaiserburg, der »Schöne Brunnen« am Hauptmarkt, Henkersteg an der Pegnitz, Kirchenschiff St. Sebald, Engelsgruß von Veit Stoß in der Lorenzkirche, Fachwerk in der Weißgerbergasse.

Der Handel machte Nürnberg reich und schön. In dieser Blütezeit entstanden Dutzende prachtvoller Kaufmannshäuser und Bürgerpaläste. Vor allem die Welser, die als Großkaufleute einen weltumspannenden Handel betrieben, Pfeffer aus Indien, Zimt aus Ceylon und Muskatnüsse von den Gewürzinseln importierten, drückten Nürnberg ihren Stempel auf. Und es ist kein Zufall, dass mit der 1485 veröffentlichten »Küchenmeisterei« das erfolgreichste Kochbuch der Renaissance überhaupt in Nürnberg geschrieben wurde. Das Beste aber ist, dass nicht nur die architektonische, sondern auch die kulinarische Erbschaft aus jener Zeit bis heute weiterlebt.

NÜRNBERG, ALTSTADT UND BURG

Eine der bedeutendsten Burgen Europas und eine der malerischsten Altstädte Deutschlands: Nürnberg ist eine Stadt, die ganz im Zeichen ihrer Vergangenheit steht. Hier atmet man den Geist der Geschichte.

Ritter Eppelein von Gailingen war ein übler Geselle. Er war arm und zerfressen vor Neid auf die reichen Kaufleute aus Nürnberg, denen er das Glück nicht gönnte. Deswegen fing er Ende des 14. Jahrhunderts an, die reisenden Händler auf offenem Feld zu überfallen. Bald fürchtete ganz Franken den grausamen Raubritter, der sich aber nicht lange an seinem zweifelhaften Ruf erfreuen konnte. Denn er wurde verraten, zum Tode verurteilt und zu seiner Hinrichtung auf die Nürnberger Burg gebracht. Doch dann geschah das Ungeheuerliche: Mit einem gewaltigen Satz seines Pferdes sprang Eppelein von Gailingen über den Burggraben und konnte entkommen. Ein paar Jahre später wurde er allerdings wieder denunziert und dieses Mal aufs Rad geflochten, wobei ihm alle Glieder des Leibes zerschlagen wurden. An seinen legendären Sprung aber erinnert man sich in Nürnberg bis heute. Und wenn man durch die fantastisch intakte Altstadt schlendert, vorbei an Fachwerkhäusern aus der Zeit des Raubritters, fühlt man sich fast so, als könne Eppelein von Gailingen mit seinem Pferd jederzeit wieder auftauchen und den Burggraben überspringen.

Das Geldverdienen stand in der alten Kaufmannsstadt Nürnberg immer an erster Stelle. Doch den Allmächtigen vergaß man darüber nicht und errichtete ihm imposante Paläste wie St. Sebald.

NATURPARK ALTMÜHLTAL

Das Leben ist ein ruhiger Fluss: Nirgendwo ist dieses Wort passender als im Tal der Altmühl, in dem man sich von jedem Zeitdruck befreit. Unten: alte Stadtmauer mit Befestigungsgraben in Weißenburg.

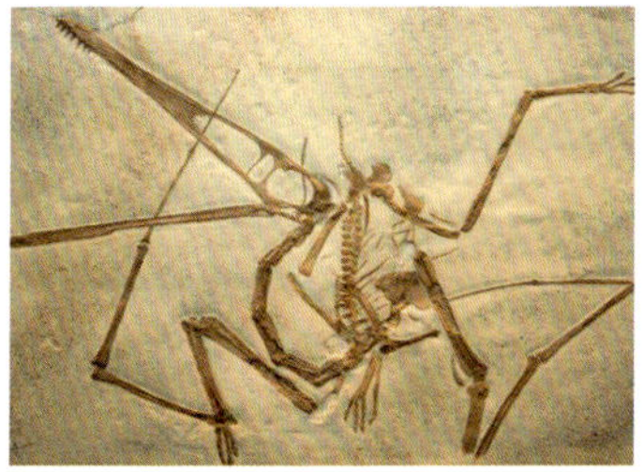

Die Altmühl kann einen ganz besonderen Superlativ für sich beanspruchen: Sie ist der langsamste Fluss Bayerns. Und das ist ein großes Glück für Besucher des Altmühltals. Denn das allzu oft inflationär gebrauchte Wort von der Entschleunigung trifft hier voll und ganz zu. An diesem Fluss, der in aller Gemütsruhe durch sein Tal mäandert, sich hier ein wenig aufhält und dort ein bisschen

trödelt, streift man alle Hektik und Nervosität des modernen Lebens ab. Vor 150 Millionen Jahren lag das heutige Altmühltal am Rand des Jurameers. Im Kalkschlamm wurden tote Tiere und abgestorbene Pflanzen luftdicht eingeschlossen – und versteinerten. So haben sich in den Solnhofer Kalkschieferbrüchen bis heute Lebensformen der Jurazeit als Fossilien erhalten (Bildleiste rechts).

Barocker Prunk: Die Baumeister Gabriel de Gabrieli und Martino Barbieri prägten mit Kirchen und Klöstern wie St. Walburg das Gesicht von Eichstätt. Kleines Bild: der großräumige Residenzplatz.

Wenn man den Titel der katholischsten Stadt Deutschlands vergeben müsste, wäre Eichstätt ein heißer Kandidat. Denn dieser Ort, der in allen Glaubenskriegen dem Katholizismus eisern die Treue hielt, ist heute nicht nur Bischofssitz eines eigenen Bistums, sondern beherbergt auch die Katholische Universität Eichstätt-Ingolstadt. Nach dem lustigen Studentenleben sucht man

hier aber vergebens. Während benachbarte katholische Hochburgen wie Bamberg und Würzburg lebenslustig und trinkfest sind – »verlottert und fidel«, nannte sie der große Gelehrte Jacob Burckhardt –, geht es in Eichstätt traditionell ernst zu. Wirtshäuser voller lärmender Studenten findet man hier nicht. Denn ein Ort des Geistes und der Geistlichkeit ist dieser Bischofssitz.

ROTHENBURG OB DER TAUBER

Deutschland wie aus dem Märchenbuch: Rothenburg ob der Tauber mit der Straßengabelung »Plönlein«, an der Siebersturm mit Kobolzeller Tor stehen. Unten: Marktplatz mit Rathaus und St. Georgsbrunnen.

Rothenburg ob der Tauber ist ein besonderer Ort zwischen Nordsee und Alpen. In aller Welt gilt er als Inbegriff des Altdeutschen, doch die meisten Deutschen sind nie dort gewesen. Man hält ihn für ein originales Stück Mittelalter, dabei wurde fast die Hälfte der Altstadt bei einem Bombenangriff im März 1945 zerstört und in jahrelanger Arbeit rekonstruiert. Heute ist Rothenburg eine bedeutende Sehenswürdigkeit in Deutschland, eine Pflichtstation auf den Reiserouten aller Japaner und Amerikaner. Historisch aber war der Ort niemals bedeutend. Doch er hatte das Glück, nach dem Dreißigjährigen Krieg in einen Dornröschenschlaf zu fallen und wie in einer Zeitkapsel versiegelt zu werden. Als man dann Ende des 19. Jahrhunderts Rothenburg wiederentdeckte, fand man ein Städtchen vor, in dem die Uhren irgendwann vor Hunderten von Jahren stehen geblieben waren. Und man beschloss, dass für alle Zeiten alles so bleiben sollte, wie es war. Das Resultat ist eine Puppenstube altdeutscher Gemütlichkeit mit Fachwerk und Butzenscheiben, Kopfsteinpflaster und Spitzgiebeln – und mit Hunderttausenden begeisterter Touristen pro Jahr.

»Die Erhaltung unserer Stadt in ihrer altertümlichen Gestalt muss unsere Lebensaufgabe sein.« Dieses Motto gab der 1898 gegründete Verein Alt-Rothenburg aus. Im Bild: Markusturm mit Röderbogen.

REGENSBURG

Der Schriftsteller Ernst-Wilhelm Händler ist sich sicher, dass es keine schönere Stadt in Deutschland gibt als Regensburg: die Steinerne Brücke und der Regensburger Dom St. Peter.

Zweitausend Jahre Geschichte gehen an nichts und niemandem spurlos vorüber. Manchmal ist das ein Fluch, manchmal auch ein Segen – so wie im Falle von Regensburg, das 179 n. Chr. vom römischen Kaiser Marc Aurel gegründet wurde und zwei Jahrtausende Zeit hatte, zu einer der schönsten deutschen Städte heranzuwachsen. Schon früh erlangte Regensburg einen überregionalen Rang. Im sechsten Jahrhundert wurde es Herzogssitz, im achten Jahrhundert gründete der legendäre Missionar Bonifatius hier ein Bistum, im Mittelalter gehörte das 1245 zur Freien Reichsstadt erklärte Regensburg zu den führenden politischen, wirtschaftlichen und kulturellen Zentren Deutschlands.

Regensburg mit seinem mächtigen Dom und dem prächtigen Inneren, dem Kloster St. Emmeram, der Alten Kapelle Unsere Liebe Frau und der ehemaligen Stiftskirche Niedermünster (großes Bild und von oben).

Und heute ist Regensburg eine mit größter Sorgfalt restaurierte Schatztruhe, in der Vergangenheit und Gegenwart in glücklichster Harmonie zusammenleben. Die Altstadt mit ihren 1400 denkmalgeschützten Häusern ist nicht nur ein einmaliges architektonisches Ensemble, dessen Geschlossenheit allen Besuchern die Sprache verschlägt, sondern auch ein lebendiger Stadtkern. Jeder zehnte Regensburger wohnt hier, darunter viele Studenten. Dutzende von Cafés und Geschäften sorgen dafür, dass man niemals den Eindruck hat, in einem nur für Besucher mühsam in Schuss gehaltenen Museum gelandet zu sein – so glücklich also können 2000 Jahre Geschichte sein.

DINKELSBÜHL

Auch in Dinkelsbühl lebt das Mittelalter im Stadtbild nahezu unversehrt fort: Der Salwartenturm und das Nördlinger Tor säumen die Romantische Straße (großes Bild), das ehemalige Patrizierhaus Hezelhof (unten).

Rothenburg ob der Tauber kennt die ganze Welt. Dinkelsbühl hingegen ist nur Kennern ein Begriff, obwohl sich das Städtchen mit dem mittelalterlichen Paradeort an der Tauber sehr wohl messen kann. Auch Dinkelsbühl sieht ein wenig so aus, als sei es aus der Zeit gefallen und lebe immer noch in der Epoche der Ritter und Kaiser aus dem Geschlecht der Staufer: Fachwerkhäuser in

Moosgrün, Bananengelb oder Bordeauxrot, eine der anmutigsten gotischen Hallenkirchen Süddeutschlands und eine 2,5 Kilometer lange Stadtmauer, die von zwei Dutzend Türmen gekrönt wird. Keiner gleicht dem anderen, runde sind darunter und eckige, dicke und dünne, flache und spitze, einige tragen ein Fachwerkkleid, andere barocke Aufbauten. Und wie auch Rothenburg verdankt Dinkelsbühl seine touristische Karriere der Wiederentdeckung und Romantisierung des Altdeutschen im 19. Jahrhundert. König Ludwig I. von Bayern verbot den Dinkelsbühlern sogar, ihre Stadtbefestigung zu schleifen. Sie sollte als Zeichen »teutscher Größe« erhalten bleiben. Davon will man hier heute nichts mehr wissen. Dankbar ist man dem König trotzdem.

Auch die Peripherie kann prunken: Die Oberpfalz liegt im äußersten Nordosten Bayerns, mit prächtigen Kirchen wie St. Joseph in Weiden (großes Bild), das Kloster oder die Barockbasilika in Waldsassen (kleine Bilder).

Weiher, Burgen und Kirchen: Das sind die charakteristischen Merkmale der Oberpfalz im äußersten Nordosten Bayerns. Mehr als 600 Burgen und Burgruinen gibt es hier als stumme Zeugen einer wehrhaften Vergangenheit und der endlosen Kämpfe zerstrittener Territorialherren. Ungezählt sind die Weiher, die im Mittelalter von den Mönchen zur Fischzucht benutzt wurden und heute

Badeseen sind. Und so prachtvoll wie kaum irgendwo sonst in Bayern sind die Klöster und Kirchen der Oberpfalz, allen voran das Zisterzienserstift Waldsassen, das von italienischen Baumeistern entworfen wurde und dieser Gegend einen Hauch mediterranes Flair verschafft. Dabei grenzt sie an Tschechien und nicht an das Land, in dem die Zitronen blühen.

KELHEIM, BEFREIUNGSHALLE

Der Architekt Leo von Klenze vollendete die Befreiungshalle in Kelheim. 34 Siegesgöttinnen stellvertreten die 34 deutschen Staaten zu Zeiten der Erbauung, nach dem Entwurf von Ludwig von Schwanthaler.

Nicht das Regieren, sondern das Dichten war die große Leidenschaft des bayerischen Königs Ludwig I. Doch das Schicksal hatte ihn dazu auserkoren, über ein Land zu herrschen, statt Verse zu schmieden. Er machte es trotzdem bei jeder sich bietenden Gelegenheit – etwa bei der Grundsteinlegung der Kelheimer Befreiungshalle, mit der die Siege gegen Napoleon Bonaparte in den Befrei-

ungskriegen verherrlicht wurden. Die deutliche Anlehnung an Bauformen der Antike war dem Stil des damals vorherrschenden Klassizismus eigen. Für einen vierstimmigen Männerchor dichtete der König diese patriotischen Zeilen: »Heil Euch, wack're Männer, mut'ge Krieger, / Die errungen Ihr den Heldenkranz, / Heil Euch, treue Deutsche, tapf're Sieger! / Ewig währet Eurer Taten Glanz.«

KLOSTER WELTENBURG

Malerisch liegt das Kloster an einer Biegung der Donau. Im Inneren der Klosterkirche St. Georg fasziniert besonders der Hauptaltar mit einem Bild des heiligen Georg, der mit dem Drachen kämpft.

Kunstkenner bekommen leuchtende Augen, wenn vom Kloster Weltenburg an der Donau die Rede ist, denn seine grandiose Barockkirche wurde von den genialen Brüdern Asam ausgestaltet. Fossiliensammler bekommen bei diesem Namen auch leuchtende Augen, weil sie sofort daran denken müssen, dass das Kloster in der fossilienreichsten Gegend Deutschlands liegt, die vor 150 Millionen Jahren ein Meer war und heute zahllose versteinerte Schätze hütet. Und schließlich leuchten die Augen auch von vielen Bierliebhabern, denn seit dem Jahr 1050 wird hier in der Klosterbrauerei Weltenburg Bier gebraut. Sie gehört zu einer der ältesten Bierbrauereien der Welt. Hochwasserschäden und Plünderungen haben dem Bau des gesamten Klosters immer wieder zu schaffen gemacht. Von außen wirkt das Gotteshaus eher schlicht und lässt seine Raumgestaltung, im Stil des bayerischen Hochbarock, nur erahnen. Der Hauptraum wird durch vier Nischen mit Altären von Egid Quirin Asam geprägt. Mittelpunkt im Presbyterium ist der Hauptaltar, flankiert von gewundenen Säulen, zwischen denen St. Martin und St. Maurus thronen.

NATIONALPARK BAYERISCHER WALD

Der älteste Nationalpark Deutschlands und eines der größten zusammenhängenden Waldgebiete Europas: Im Bayerischen Wald im bayerisch-tschechischen Grenzgebiet darf die Natur machen, was sie will.

Die Tränen des Entsetzens müssen jedem Waldliebhaber bei diesem Anblick kommen: tote Bäume, fahle Gerippe, umgestürzte Stämme, auf Hunderten von Hektaren nichts als das Zerstörungswerk des Borkenkäfers, der im Bayerischen Wald ungehindert wüten und eine Fichte nach der anderen massakrieren darf. Doch das ist gewollt, denn der zerstörerische Käfer schafft Platz für eine

neue Flora, für Bergahorn und Vogelbeere, Himbeeren und Heidelbeeren, und schafft letztlich genau das, was man im Nationalpark Bayerischer Wald erreichen will: einen wilden, von Menschenhand völlig unberührten, sich selbst überlassenen Urwald. Und tatsächlich entwickelt sich das Mittelgebirge allmählich wieder zu einem Dschungel. Das ist doch ein schöner Trost für tote Bäume.

Und diese Urwüchsigkeit, diese in Deutschland fast einmalige Unberührtheit gefällt vielen wilden Tieren wie Bären (linke Seite), Luchsen (großes Bild), Baummardern, Eulen, Wildkatzen und Schwarzstörchen.

PASSAU

»Dreiflüssestadt« wird Passau auch genannt, weil sich hier drei Flüsse vereinigen. Für viele Besucher beginnt an dieser Stelle eine Kreuzfahrt auf der Donau, die sie manchmal bis ins Mündungsdelta führt.

Einmal im Jahr, immer an Aschermittwoch, findet in Passau ein seltsames Ritual politischer Folklore statt: Die CSU versammelt sich in der Stadt zur Generalabrechnung mit dem politischen Gegner, wobei es zum guten Ton gehört, unter großem Gejohle des Publikums das andere Lager wüst zu beschimpfen und zu beleidigen. Franz-Josef Strauß war der Großmeister in dieser Verunglimpfungskunst und sorgte dafür, dass der politische Aschermittwoch in Passau nationale Bekanntheit errang. Viele Deutsche nehmen die Stadt bis heute nur an diesem Tag wahr. Doch das ist ein großer Fehler, denn Passau verdient ganzjährige Aufmerksamkeit.

Uralt ist Passau, schon im achten Jahrhundert wurde es Bischofssitz. Und ihr Alter sieht man der Stadt auch an, die noch immer so verwinkelt ist wie zu Zeiten der Ritter und deutsch-römischen Kaiser.

Die Stadt liegt am Zusammenfluss dreier Flüsse, der Donau, des Inn und der Ilz, wobei jeder eine eigene Farbe besitzt. Der Inn ist auf seiner langen Reise von den Alpen herab ganz grün geworden, die Donau ist sprichwörtlich blau und die Ilz schwarz, weil sie ein Moorgebiet durchquert. In Passau vereinigen sich die drei Farben dann zu einem reizvollen Wassergemälde. Das Stadtbild kann da an Eleganz und Anmut natürlich nicht zurückstehen. Gekrönt vom imposanten Stephansdom, drängeln sich auf der schmalen Halbinsel der Altstadt Patrizierhäuser, gotische Kirchen und stille Gassen, die so gar nicht zum Lärm des politischen Aschermittwochs passen wollen.

PASSAU, ST. STEPHAN

Dem heiligen Stephan, dem ersten Märtyrer der Kirchengeschichte, der schon wenige Jahre nach Jesu Tod grausam sein Leben für seinen Glauben lassen musste, ist der Dom von Passau geweiht.

17974 Orgelpfeifen, die größte 11,30 Meter lang, die kleinste gerade einmal sechs Millimeter: Das sind die Kerndaten der größten Orgel, die es in einem christlichen Dom gibt. Dieses monumentale Instrument steht in St. Stephan zu Passau, und wenn die Orgel gespielt wird, könnte man tatsächlich glauben, die himmlischen Heerscharen stimmten ihren Gesang an. Doch sie ist nur ein Superlativ von St. Stephan, das für sich in Anspruch nehmen kann, den größten barocken Innenraum nördlich der Alpen zu besitzen. Schon vor mehr als 1500 Jahren gab es an der Stelle des heutigen Doms ein Gotteshaus, das durch immer größere Kirchen ersetzt wurde, bis man Ende des 17. Jahrhunderts einen Gottespalast von so ungeheuerlichen Ausmaßen errichtete, dass sogar der Papst in seinem Petersdom neidisch wurde. Eine ganze Armee von Atlanten trägt hier das Chorgewölbe, und in der Kuppel des Mittelschiffes thront der Allmächtige, flankiert von den Evangelisten, während nebenan der arme Namenspatron, der heilige Stephan, zu Tode gesteinigt wird. All das ist so gewaltig, dass man hier gar nicht erst auf den Gedanken kommt, an Gottes Macht zu zweifeln.

Ein verlockender Vorgeschmack auf das Himmelreich: Wenn früher die geknechteten Gläubigen die Deckengemälde von St. Stephan sahen, konnten sie sich wenigstens auf das Leben nach dem Tod freuen.

DILLINGEN

Ein strahlendes Juwel des Rokoko ist die Universitätskirche des ehemaligen Jesuitenkollegs von Dillingen, das einst zu den bedeutendsten katholischen Bildungseinrichtungen Deutschlands gehörte.

»Ich werde glauben, dass Weiß Schwarz ist, wenn es die Kirche so definiert.« Dieser Satz des heiligen Ignatius von Loyola klingt heute geradezu absurd. Als ihn der Gründer des Jesuitenordens aber zu Zeiten von Reformation und Gegenreformation formulierte, war er ein klares Signal und eine unmissverständliche Botschaft an die Gegner des Vatikans: Der unbedingte Gehorsam gegen-

über der katholischen Kirche war für die Jesuiten oberstes Gebot. Und obwohl diese Unterwerfung mitunter die Grenzen der Logik überschritt, galten die Jesuiten doch als brillante Köpfe und exzellente Lehrer. Sie gründeten Schulen und Universitäten, lehrten dort nicht nur Theologie, sondern auch Mathematik, Physik, Astronomie und Philosophie und wurden so zu den Erziehern ganzer Heerscharen kluger Menschen. Auch in Deutschland waren die Jesuiten aktiv. Eine ihrer bedeutendsten Wirkungsstätten war die Universität von Dillingen, die sie von 1564 bis zur Aufhebung des Ordens 1773 führten und die heute ein Teil der Universität von Augsburg ist. Ein weiteres Schmuckstück beherbergt Dillingen mit der Basilika St. Peter (links).

Kein Kaiserkabinett, sondern ein Teil der Akademie für Lehrerfortbildung in Dillingen: Im Goldenen Saal müssen sich die Studierenden gewiss sehr konzentrieren, um nicht abgelenkt zu sein.

BAYERISCHER BODENSEE

Auch Bayern besitzt ein Stück vom Bodensee, wenngleich nur ein sehr kleines. Die Königin dieses Küstenabschnitts ist die Stadt Lindau, deren Wahrzeichen der Löwe und der Leuchtturm im Hafen sind.

Wenn man jemanden fragt, ob man Bayern auch auf dem Seeweg erreichen kann, wird man wahrscheinlich nur ungläubiges Kopfschütteln ernten. Geografische Grundkenntnisse genügen, um zu wissen, dass Bayern das Land der Berge und natürlich auch der Seen ist. Und dennoch ist es möglich, mit dem Schiff übers Meer zu fahren und an der bayerischen Küste anzulegen, wenngleich

nur mit einem sprachlichen Trick. Man muss den Schwaben glauben, dass der Bodensee das »Schwäbische Meer« ist. Dann funktioniert es, denn achtzehn Kilometer der mehr als 250 Kilometer langen Küstenlinie sind bayerisch. Die stolze Stadt Lindau liegt an diesem Uferstreifen, die Wiege des Schriftstellers Martin Walser stand hier, und sogar Wein wird an der »bayerischen Riviera« angebaut. Er wächst in einer idyllischen Landschaft, die von rhythmischen Hügeln, verträumten Dörfern und dem mächtigen Panorama der ersten Alpengipfel geprägt wird. Man sagt dieser Gegend sogar mediterranes Flair nach. Gute Luft hat auch die Halbinsel Wasserburg zu bieten, ein staatlich anerkannter Luftkurort, in dessen Mitte die Seekirche St. Georg thront (links).

»Goldküste« wird das bayerische Bodenseeufer zwischen Lindau und Bad Schachen auch genannt. Die imposanten Zeugen einer goldenen Vergangenheit sind unter anderem das Alte Rathaus in Lindau.

OBERALLGÄU

»Malerwinkel« heißt die Landschaft oberhalb Sonthofens (großes Bild), denn sie lockt seit jeher Maler und Fotografen an. Viehbauern treiben ihre Rinder im Herbst von der Alm, wie in Bad Hindelang (kleines Bild).

Ausgerechnet an seinem südlichsten Zipfel hat Deutschland fast nichts Südländisches. Geografisch liegt kein deutscher Landkreis näher am Mittelmeer und am Äquator als das Oberallgäu. Doch statt Zypressen und Tropenblumen duckt sich die Gegend im Schatten der sich schon mächtig gen Himmel reckenden Alpen. 2649 Meter ragt die Hochfrottspitze auf, die höchste Erhebung

des Oberallgäus, tief wie die Hölle schneiden sich Schluchten wie die ebenso berauschende wie beklemmende Breitachklamm in die Erde. Und an manchen Aussichtspunkten kann man hier gleich auf drei Länder blicken: auf Deutschland, den Bregenzer Wald in Österreich und den Säntis in der Schweiz. Der Süden aber ist selbst bei bester Fernsicht nicht wirklich zu sehen.

Das Allgäu gilt zu Recht als idealtypische Voralpenlandschaft: Trettachspitze, Mädelegabel, Hochfrottspitze und Bockkarkopf spiegeln sich malerisch in einem Bergsee.

SCHLOSS NEUSCHWANSTEIN

Das Märchenschloss des Märchenkönigs: Genau so, wie sich König Ludwig II. von Bayern idealerweise eine mittelalterliche Ritterburg vorstellte, sollte sein Schloss Neuschwanstein aussehen.

Kein anderes Bauwerk ist so eng mit dem tragischen Schicksal von König Ludwig II. von Bayern verbunden wie Schloss Neuschwanstein bei Füssen, die Lieblingsresidenz des Märchenkönigs, die ihm letztlich zum Verhängnis werden sollte. 1869 wurde mit dem Bau begonnen, 1872 sollte das Schloss fertig sein. Doch immer neue Änderungswünsche und die permanente Geldknappheit des Königs verzögerten die Fertigstellung und trieben die Baukosten in die Höhe – von geplanten drei auf mehr als sechs Millionen Mark. Der König, der Neuschwanstein aus eigener Tasche bezahlte, verschuldete sich rettungslos und stand 1885 kurz vor der Pfändung.

Ein Traumreich aus Gotik, Romanik, byzantinischen Mosaiken und bayerischer Lüftlmalerei, im Uhrzeigersinn: Thronsaal, Wohnzimmer, Schlafzimmer, Ankleidezimmer, Sängersaal und Arbeitszimmer.

Die exorbitante Verschuldung des Königs war ein Grund dafür, dass die bayerische Regierung beschloss, den Monarchen abzusetzen. Am 11. Juni 1886 musste er Neuschwanstein verlassen, das er nur 172 Tage lang bewohnt hatte, zwei Tage später war er tot, ertrunken unter mysteriösen Umständen. Das Schloss aber sollte – anders als der arme Schlossherr – sein Glück finden. Es wurde sofort für Besucher geöffnet, ist längst zu einer der bedeutendsten Sehenswürdigkeiten Deutschlands geworden, zu einer Ikone des Historismus und des Tourismus, sogar zum Vorbild der Märchenschlösser von Disney. Wenn Ludwig II. das wüsste, hätte er vielleicht seinen Frieden.

AUGSBURG

Eine der ältesten Städte Deutschlands mit einem der schönsten Rathäuser: Kaiser Augustus gründete noch vor Christi Geburt die Provinzhauptstadt Augusta Vindelicorum, das spätere Augsburg.

Das Rathaus und der Perlachturm bilden Augsburgs Wahrzeichen. Außerdem besitzt die Stadt drei Prachtbrunnen, einer davon ist der Herkulesbrunnen, dessen Figur 1599 von Adriaen de Vries entworfen wurde.

Durch die Via Claudia Augusta, die pulsierende Lebensader von Nord nach Süd im 15. Jahrhundert, erblühte hier der Handel und die legendäre Kaufmannsdynastie der Fugger nahm ihren Anfang. Den Gebäudekomplex der Fuggerhäuser entwarf Jakob Fugger selbst, nachdem er auf seinen Italienreisen erste profane Bauwerke im Renaissancestil gesehen hatte. Augsburg hat als einzige Stadt zwischen Nordsee und Alpen einen eigenen Feiertag, der nirgendwo sonst begangen wird. Es ist das Friedensfest, das seit 1650 jedes Jahr am 8. August gefeiert wird und mit dem ursprünglich an die Religionsfreiheit der Protestanten nach dem Dreißigjährigen Krieg erinnert wurde.

Ein Figuren- und Glockenspiel am Neuen Rathaus stellt Episoden und Sagen aus der Münchner Geschichte anno 1158 dar. Seit 1908 drehen sich hier mehrmals täglich auf zwei Etagen die Spielfiguren und Motive.

Im Uhrzeigersinn: Wittelsbacher Platz mit der Reiterstatue von Kurfürst Maximilian I., Bavaria auf der Theresienwiese, Hofbräuhaus, Königsplatz, Siegestor und Feldherrnhalle am Odeonsplatz.

München ist einzigartig. Keiner anderen Stadt in Deutschland gelingt so leichthändig, elegant und überzeugend der Spagat zwischen ihren eigenen Widersprüchen. München ist eine Weltstadt mit einem Ruf wie Donnerhall und gleichzeitig tief verwurzelt in seinen bayerischen Traditionen. Monarchistischen Prunk, klassizistische Pracht, barocken Pomp gibt es hier und gleich daneben

lauschige Biergärten, in denen sich die Menschen von all dem Repräsentationsgehabe nicht beeindrucken lassen. Staatstragend und gravitätisch kann Bayerns Hauptstadt sein und ist doch immer auch selbstironisch und grantlerisch. Oder um es mit den Worten des Ironikers Eugen Roth zu sagen: »Vom Ernst des Lebens halb verschont, ist der schon, der in München wohnt.«

MÜNCHEN, RESIDENZ

Der riesige Saal des Antiquariums bildet den raumtechnischen Mittelpunkt der Residenz (großes Bild). Drumherum reihen sich Kaisersaal, Grüne Galerie und die Reichen Zimmer (Bildleiste von oben).

Mit der selbstbewussten Münchner Bürgerschaft ist noch nie zu spaßen gewesen. Heute gilt das ebenso, wie es im 14. Jahrhundert galt, als das Volk gegen die Herzöge aufbegehrte, die in der Stadt residierten und sich nicht immer aristokratisch vornehm benahmen. Aus Angst vor der Bürgerwut ließen sich die Herrscher eine mächtige Residenz als Fluchtburg errichten, die im Laufe

der Jahrhunderte zum gewaltigsten Schloss in einer deutschen Innenstadt heranwuchs. Zehn Höfe, 130 Repräsentationsräume und der größte Renaissancesaal nördlich der Alpen sind nur einige der imposanten Merkmale der Münchner Residenz, in der längst keine Herzöge mehr residieren, sondern das gemeine Volk ein- und ausgeht – ein letzter Triumph der stolzen Münchner Bürger.

Kunstsinnig sind die Herrscher Bayerns immer gewesen. Deswegen ließen sie sich in ihrer Münchner Residenz auch eine Opernbühne im Rokokostil einrichten, die bis heute als Cuvilliés-Theater bespielt wird.

KULTURSTADT MÜNCHEN

»München leuchtete«: Dieses Bild aus Thomas Manns Erzählung »Gladius Dei« ist zum Lebensmotto der bayerischen Hauptstadt geworden: Open Air am Odeonsplatz.

»München wird nur dann in Deutschland und in der Welt an der Spitze bleiben oder wieder an die Spitze kommen, wenn es nicht nur eine sinnenfrohe, sondern auch eine geistige, geistfreundliche, geistwillige, nicht nur eine künstlerische, sondern auch eine literarische Stadt ist.« Diesen prophetischen Satz schrieb Thomas Mann im Jahr 1926. Und genauso ist es auch gekommen: München nimmt heute in Deutschland und der Welt eine Spitzenstellung ein, weil es nicht nur ein Zentrum der Technologie und Industrie ist, sondern auch eine Kulturstadt par excellence, eine Stadt der Museen und Opernhäuser, der Theater, der großen Orchester und wagemutigen Filmproduzenten.

Im Uhrzeigersinn: Alte Pinakothek, »Die Zerstörung Jerusalems durch Titus« in der Neuen Pinakothek, Museum Brandhorst, Alte Pinakothek und Pinakothek der Moderne.

München hat alles, was sich eine Kulturstadt nur wünschen kann: Museen von Weltruf wie die drei Pinakotheken, das Lenbachhaus oder das Deutsche Museum, das die größte Sammlung an technischen und naturwissenschaftlichen Exponaten weltweit besitzt; fantastische Bühnen wie die Bayerische Staatsoper, das Staatsschauspiel oder die Kammerspiele; mit den Münchner Philharmonikern, dem Symphonieorchester des Bayerischen Rundfunks und dem Bayerischen Staatsorchester gleich drei Klangkörper von überragendem Rang; und nicht zu vergessen Kabaretts wie die Lach- und Schießgesellschaft, die deutsche Kleinkunstgeschichte geschrieben haben.

MÜNCHEN, SCHLOSS NYMPHENBURG

Sinnbild von Bayerns Macht und Größe: Schloss Nymphenburg, die ehemalige Sommerresidenz der Wittelsbacher, lässt bis heute erahnen, welchen Anspruch die Herrscher an sich selbst und die Welt stellten.

Kurfürst Ferdinand Maria von Bayern war ein vorbildlicher Ehemann. Nachdem ihm seine Gattin Adelheid von Savoyen einen Thronfolger geschenkt hatte, revanchierte er sich mit einem nagelneuen Schloss als Präsent. Schloss Nymphenburg nannte er das Anwesen, das im Lauf der Zeit immer prachtvoller ausgebaut, schließlich zur Sommerresidenz der Wittelsbacher und zu einem der bedeu-

tendsten Königsschlösser in Europa wurde. Wer heute durch das Schloss und seinen Park wandelt, der schon 1792 für das gemeine Volk geöffnet wurde, bekommt eine schöne Ahnung von Bayerns Glanz und Gloria. Eine riesige Kutschensammlung ist hier zu bestaunen und eine beeindruckende Kollektion aus der Nymphenburger Porzellanmanufaktur. Man sieht Deckenfresken mit Heerscharen von Göttern, Kabinette, die komplett mit chinesischen Lacktafeln ausgekleidet sind, und eine »Galerie der Schönheiten«, die König Ludwig I. in Auftrag gab. Porträtiert wurden 36 attraktive Damen, darunter die Tänzerin Lola Montez, die jahrelang ein Liebesverhältnis mit Ludwig unterhielt – ein so vorbildlicher Ehemann wie Kurfürst Ferdinand war er also nicht.

Hier feiert sich München selbst, und die ganze Welt feiert mit: Das Oktoberfest ist längst eine Attraktion von internationalem, ja globalem Rang, die bis in die letzten Winkel der Welt ausstrahlt.

Der erfolgreichste Exportschlager Bayerns sind entgegen anderslautender Gerüchte nicht die Automobile der Bayerischen Motorenwerke, kurz BMW. Es ist das Oktoberfest, das inzwischen fast inflationär in aller Welt von Korea bis Mexiko gefeiert wird. Das Original findet seit 1810 jedes Jahr auf der Münchner Theresienwiese statt und ist nichts weniger als das größte Volksfest der

Erde. Weit mehr als sechs Millionen Besucher aus aller Welt zieht das Fest an, für das eigens ein besonders starkes Bier gebraut wird, das Wiesn-Märzen, das bis zu sieben Prozent Alkohol hat. Das Schönste am Oktoberfest ist vielleicht seine Vielseitigkeit, Gegensätzliches wird hier vereint. Hier trifft sich Alt und Jung, Einheimische und Besucher, Taditionsverbundene und Freaks.

MÜNCHEN, BMW WELT

Mehr als zehn Millionen Menschen haben die Münchner BMW Welt seit ihrer Eröffnung im Jahr 2007 besucht. Damit ist sie eine genauso große Erfolgsgeschichte wie die Karriere der Automarke selbst.

Am Anfang stand gar nicht das Auto, sondern der Flugzeugmotor. Mit ihm fing im Jahr 1916 die ruhmreiche Geschichte der Bayerischen Motorenwerke an, die erst 1928 ihr erstes Automobil bauten. Zu dieser Zeit waren sie schon bekannt als Hersteller hochwertiger Motorräder, woran sich bis heute nichts geändert hat. All diese Geschichten und noch viele weitere Details aus

der Firmenhistorie werden in der 2007 eröffneten BMW Welt erzählt, die aber bei Weitem nicht nur ein Museum sein will. Ursprünglich wurde sie als Auslieferungszentrum in unmittelbarer Nähe zur Konzernzentrale und zum Münchner Werk konzipiert. Bald aber sollte ein ganzes Universum rund um die Automarke entstehen. Um Design und Aerodynamik geht es hier ebenso wie um Umweltfragen und Nachhaltigkeit, um die Werbung für BMW-Autos im Laufe der Jahrzehnte und um die Entwicklung der einzelnen Baureihen. Und natürlich werden die großen Erfolge im Motorsport gefeiert, sei es in der Formel 1 oder bei den Tourenwagen. Ein Höhepunkt war da sicher der Weltmeistertitel, den Nelson Piquet 1983 in einem Brabham BMW errang.

MÜNCHEN, ALLIANZ ARENA

An ein Ufo aus einer fernen Galaxie, das im Münchner Norden gelandet ist, erinnert die Allianz Arena aus der Ferne. Doch auf ihrem Rasen sind keine Aliens, sondern ganz normale Fußballgötter am Werk.

Dass der bedeutendste deutsche Fußballverein auch das spektakulärste Stadion haben muss, steht außer Frage. Und so ist die Allianz Arena gewiss die auffälligste Spielstätte in Deutschland. Aus 2760 hauchdünnen Folienkissen haben die Schweizer Architekten Herzog & de Meuron eine Außenhaut geformt, die das gesamte Stadion umschließt. Die rautenförmigen Kissen sind

aus einem speziellen Ethylen-Kunststoff hergestellt, bedecken eine Fläche von 66000 Quadratmetern und können dank Leuchtstoffröhren ihre Farbe verändern. Spielt 1860 München, strahlt die Arena in Blau, ist die Nationalmannschaft auf dem Rasen aktiv, ist die Hülle weiß. Und wenn Bayern München hier ein Heimspiel austrägt, leuchtet sie rot oder rot-weiß.

FÜNFSEENLAND

Dießens Marienmünster, mit dem Hochaltar von Joachim Dietrich (links unten), gilt als Meisterwerk des bayerischen Barock. Ein weiteres Barockjuwel ist die Klosterkirche Andechs (rechts unten).

Ammersee im Westen und Starnberger See im Osten bilden zusammen mit den kleineren Gewässern des Pilsensees, des Wörthsees und des Weßlinger Sees das bayerische Fünfseenland, das sich als beliebtes Naherholungsziel für den Ballungsraum München einen Namen gemacht hat. Die hügelige Moränenlandschaft bietet zahlreiche Sehenswürdigkeiten. Dazu gehört auch

der Wallfahrtsort Andechs mit seinem 1455 gegründeten Benediktinerkloster mit Kirche, Brauerei und Klosterschenke, wo das beliebte Andechser Klosterbier angeboten wird. Das Städtchen Dießen am Südwestende des Ammersees war bereits im Mittelalter ein Zentrum für Handwerk und Kunst. Zum internationalen Töpfermarkt kommen jährlich Tausende von Besuchern.

Das Wasser ist eines der prägenden Elemente im Fünfseenland in Oberbayern, nicht nur in Gestalt der Seen, sondern auch in Form von Flüssen und Bächen wie der Würm im Mühltal bei Starnberg.

PFAFFENWINKEL

Erst kamen die Pfaffen, dann die Künstler. Und so ist der Pfaffenwinkel nicht nur für seine Kirchen berühmt, sondern auch als Wirkungsstätte der Malergemeinschaften »Brücke« und »Blauer Reiter«.

Es ist, als hätte der Herrgott bei der Erschaffung der Welt eine Extraportion göttlichen Nektars auf diesen Flecken geträufelt. Wie anders kann man es sich erklären, dass so viele Kirchen und Klöster, Wallfahrtskapellen und Pilgerstätten auf so engem Raum zu finden sind. Der Name Pfaffenwinkel ist keinesfalls spöttisch, sondern ehrfürchtig gemeint. Alle paar Kilometer stößt man hier auf be-

rühmte Orte wie Benediktbeuern, Andechs, Ettal, Wessobrunn oder die Wieskirche, die von den Mönchen der Benediktiner, Augustiner und Prämonstratenser gegründet wurden. Herausragend ist die aus dem 15. Jahrhundert stammende Basilika der ehemaligen Klosterstiftskirche Mariä Geburt in Rottenbuch mit dem gewaltigen Stuckdekor im Rokokostil im Inneren (links).

Die Wieskirche ist im Jahr 1983 von der UNESCO zum Welterbe ernannt worden und gilt als Höhepunkt der berühmten »Wessobrunner Schule«: Stuckateure und Baumeister, die aus dem Ort Wessobrunn stammten.

Am Abend des 14. Juni 1738 betete die strenggläubige Bäuerin Maria Lori in ihrem Haus vor einer Statue des Gegeißelten Heilands und bemerkte dabei einen Tropfen im Auge des Gottessohnes, den sie für eine Träne hielt. Sie vertraute sich ihrem Beichtvater an, der ihr Stillschweigen befahl, weil er abwarten wollte, ob der Heiland ein weiteres Mal weinen würde. Doch das Wunder

sprach sich wie ein Lauffeuer herum. Schon kurze Zeit später strömten Pilger aus ganz Oberbayern zu der wundertätigen Statue, und als ihre Gebete auch noch erhört wurden, gab es bald kein Halten mehr. Aus ganz Europa kamen nun die Wallfahrer. Und so entstand an der Stelle des Bauernhofes von Maria Lori eine der grandiosesten und opulentesten Wallfahrtskirchen Deutschlands, die heute jeder unter ihrem volkstümlichen Namen Wieskirche kennt. Sie gilt als die Vollendung des Rokoko und ist ein opulentes Fest der Sinne, das gleichzeitig zu Ernsthaftigkeit ermahnt. Ihr Schöpfer, der Baumeister Dominikus Zimmermann, fühlte sich seinem Meisterwerk so innig verbunden, dass er sich zu seinen Füßen ein Haus baute, in dem er bis zu seinem Tod lebte.

AMMERGEBIRGE UND AMMERTAL

Ab dem Felsdurchbruch bei Saulgrub (links unten) fließt die Ammer durch eine Wildwasserschlucht. Spektakulär sind die Schleierfälle, die wie Vorhänge über die moosbewachsenen Felsen rieseln (rechts unten).

König Maximilian II. von Bayern kann einem leid tun. Schuld daran ist sein Sohn Ludwig II., der zeit seines Lebens und weit darüber hinaus als Märchenkönig Furore machte. Bis heute stellt er damit seinen armen Vater in den Schatten. Dabei war Maximilian ein guter König, der 1859 sogar eine ausgedehnte Wanderung durch Bayern unternahm, um sein Land und sein Volk besser kennenzulernen. Besonders gut gefiel es ihm im Ammertal und im Ammergebirge, die jahrhundertelang königliches Jagdrevier waren, vom gemeinen Volk nicht betreten werden durften und deswegen ihre wilde Ursprünglichkeit bewahren konnten. Noch immer spürt man in dieser Gegend diesen Hauch von Unberührtheit – und will, ganz wie der König, am liebsten gar nicht mehr weg.

Nicht nur den Passionsspielen und Herrgottsschnitzern verdankt der oberbayerische Ort Oberammergau seinen Ruhm, sondern auch seiner Lüftlmalerei, mit der viele Fassaden reich verziert sind.

Es hat Jahrtausende gedauert, bis die Kunst demokratisch wurde und jeder sie sich leisten konnte. Lange Zeit in der Menschheitsgeschichte war sie den besseren Ständen vorbehalten. Die Vorstellung, dass sich das gemeine Volk eine Skulptur, ein Gemälde, gar ein Fresko anfertigen ließ, war geradezu absurd. Das blieb ein Privileg von Königen und Fürsten, reichen Kaufleuten und mächtigen Ratsherren. Doch es gab eine Ausnahme: die Lüftlmalerei, für die vor allem Oberammergau berühmt ist. Hier ließen sich einfache Bürger prächtige Gemälde an die Fassaden ihrer Häuser malen, biblische Szenen und Motive aus dem Alltag wie Anspielungen auf den Hausherren oder Bauern bei der Arbeit – eine schöne demokratische Tradition, die bis heute weiterlebt.

Der letzte Augenblick im Leben des Erlösers: Die Kreuzigung von Jesus Christus ist der dramatische Höhepunkt der weltberühmten Oberammergauer Passionsspiele, die alle zehn Jahre stattfinden.

OBERAMMERGAUER PASSIONSSPIELE

Immer wieder wurde die Passion modernisiert, immer wieder schrieb man die Texte um und veränderte die Dramaturgie. Eines aber ist geblieben: die Inbrunst, mit der die Spiele aufgeführt werden.

Eine solch dramatische Metamorphose findet in Deutschland kein zweites Mal statt: Alle zehn Jahre verwandelt sich das komplette Dorf Oberammergau in eine Bühne. Der Ort wird zu einem riesigen Freilufttheater, seine Bewohner werden zu Schauspielern, Musikern, Bühnenarbeitern, und alle Gedanken kreisen nur noch um das Leiden Jesu Christi. Seit 1634 werden die Oberammergauer Passionsspiele veranstaltet als Dank der Menschen für die Gnade Gottes. 1633 nämlich wurde das Dorf von der Pest bedroht, woraufhin die Dörfler gelobten, in regelmäßigen Abständen eine Passion aufzuführen, sollten sie vom Schwarzen Tod verschont werden. So kam es, und bis heute lösen die Bewohner ihr Gelöbnis ein. Längst nimmt die ganze Welt daran Teil, mindestens eine halbe Million Menschen pilgert in den Passionsjahren nach Oberammergau, um andächtig die letzten fünf Tage des Gottessohnes mitzuerleben. Sie werden lebenden Bildern nachgestellt, von Chören dramatisch untermalt und von den Dorfbewohnern mit einer solchen Hingabe gespielt, als seien ihre Leben noch immer von der Pest bedroht.

KLOSTER ETTAL

Im Inneren zieht das grandiose Kuppelfresko von 1746 den Blick nach oben: Eine Szene zeigt dort den heiligen Benedikt, der Kaiser Ludwig dem Bayern ein Marienbildnis übergibt.

Wohl kein anderes Kloster in Bayern hat eine wechselvollere Geschichte hinter sich als Ettal. So viele Höhen und Tiefen hat diese Benediktinerabtei erlebt, dass ihr Fortbestand bis in unsere Tage an ein Wunder grenzt. Im April 1330 wurde Ettal von Kaiser Ludwig dem Bayern gegründet und avancierte dank der Ettaler Madonna rasch zu einem wichtigen Wallfahrtsziel. 1710 gründeten die Mönche eine Ritterakademie für den aristokratischen Nachwuchs und begründeten so die Tradition Ettals als Erziehungsanstalt, die bis heute fortwirkt. Nach der Säkularisation 1803 war es schlagartig zu Ende mit dem Glanz. Die Besitztümer des Klosters wurden versteigert, mehrfach wechselten die Eigentümer, es gab sogar Pläne, ein Zuchthaus in den ehrwürdigen Mauern einzurichten. Dass jemals wieder klösterliches Leben in Ettal einziehen könnte, erschien damals illusorisch. Doch dann geschah ein Wunder: Im Jahr 1900 wurde das Kloster neu gegründet. Und es existiert bis heute, auch dank der Geschäftstüchtigkeit der Mönche, die nicht nur ein Gymnasium betreiben, sondern auch eine Brauerei und eine Destillerie.

Vor dem Eingang bildet die Brunnenanlage einen würdigen Empfang, der »Maurische Kiosk« wurde 1867 für die Weltausstellung in Paris geschaffen und in der Venusgrotte hörte der König seine geliebte Wagnermusik.

Der Märchenkönig wäre lieber ein Sonnenkönig gewesen. In keinem anderen Schloss Ludwigs II. wird das so deutlich wie in Linderhof. Es ist eine einzige Hommage an Versailles, eine Kopie en miniature der Ausschweifungen am Hof des französischen Königs. Und Ludwig gelang es sogar, sein großes Vorbild zu übertrumpfen. Denn so

märchenhaft wie Linderhof ist Versailles nicht ausgestattet. Hier gibt es maurische Kabinette mit Pfauenthron, einen vergoldeten Muschelkahn, mit dem Ludwig durch künstlich erzeugte Wellen schipperte, und ein Tischleindeckdich im Speisesaal: Der Tisch konnte durch den Boden in die Küche hinunterfahren, wurde dort gedeckt und anschließend wieder nach oben gekurbelt.

WETTERSTEINGEBIRGE

Hoch über Garmisch-Partenkirchen und Mittenwald ganz im Süden Bayerns türmt sich das Wettersteingebirge auf. Der smaragdgrüne Eibsee schillert am Fuße der Zugspitze, des höchsten Bergs Deutschlands.

Wie sieht Deutschlands höchster Gipfel aus, der das Wettersteingebirge in den Nördlichen Kalkalpen krönt? Gäbe man den Menschen ein leeres Blatt und einen Stift in die Hand, um ihn zu malen, wüssten die meisten von ihnen wahrscheinlich keine markante Silhouette dazu. Die Zugspitze hat kein Profil mit Wiedererkennungswert wie das Matterhorn, punktet aber als gewaltig massiver Gebirgsstock, der aussieht, als sei er vom Bildhauer Natur noch nicht endgültig in Form gebracht worden. Trotzdem ist die Zugspitze der mythische Berg der Deutschen, der jedes Jahr von einer halben Million Menschen gestürmt wird. Skifahrer und Bergsteiger – sie alle wollen hinauf auf das Dach Deutschlands. Die kleine Schwester Alpspitze gilt als pyramidenförmiges Wahrzeichen von Garmisch-Partenkirchen. Die Höhen der Wettersteingipfel liegen zwischen knapp 2700 und 2962 Metern – da wird die Luft schon ziemlich dünn. Doch die Menschen verloren früh ihren Schrecken vor diesen Bergen. Schon 1820 stieg Leutnant Josef Naus auf die Zugspitze, den höchsten Gipfel des Wettersteins, und nahm ihn für seinen König in Besitz.

Vom Törlgatterl hat man einen lockenden Gipfelblick zur Törlspitze, im Vordergrund mit der Meilerhütte. Der Berg ist im Sommer bei Wanderern beliebt, aber auch im Winter bei Skitourengehern.

WETTERSTEINGEBIRGE

Der höchste und zugleich der kälteste Ort Deutschlands ist die 2962 Meter hohe Zugspitze. Bis zu dreißig Grad unter null kann es hier werden, und manchmal bläst der Wind mit 300 Kilometern pro Stunde.

Dafür entschädigt die Zugspitze ihre Besucher bei gutem Wetter mit einer Fernsicht, die jedem den Atem verschlägt. Halb Deutschland und die ganzen Alpen glaubt man, von hier aus sehen zu können.

KARWENDELGEBIRGE

Früher das Jagdrevier von Bayerns Königen, heute ein beliebtes Wanderrevier und seit Urzeiten ein Ort der Legenden und Mythen: Das Karwendelgebirge ist eine Welt mit vielen faszinierenden Gesichtern.

Gebirge leben von ihren Legenden. Sie erst machen aus Fels und Stein mythische Orte – so wie das Karwendel, in dem der Sage nach das unglückliche Erzfräulein lebt. Ganz tief im Bauch der Berge fristet es sein Dasein in einem Kristallpalast, der mit ungeheuren Schätzen gefüllt ist. Doch das Erzfräulein ist eine Gefangene. Schreckliche Drachen bewachen den Eingang zu ihrem Reich und

lassen die Unglückliche nur ganz selten nach draußen. Manchmal sehen die Menschen am Karwendel beim Beerensammeln das Fräulein ganz kurz, um mit ihr reden oder sie gar retten zu können. Das kann nur ein unerschrockener Held, der sich vom Fauchen und Feuerspeien der Drachen nicht beeindrucken, sondern es wortlos und furchtlos über sich ergehen lässt, sich dabei immer wieder die Stirn bekreuzigt und so unbeschadet in das Innere des Kristallpalastes vordringt. Dort wartet ein wundersames Schwert auf den Helden, mit dem die Drachen getötet werden können. Dann wird das Erzfräulein befreit sein, und ihr Befreier wird der Herr aller Schätze. Doch das ist noch niemandem gelungen. Und so wartet das Fräulein bis heute auf ihren Retter.

Zum Mangfallgebirge gehören die Schlierseer Berge, die sich rund um den gleichnamigen See gruppieren (großes Bild). Eine grandiose Fernsicht hat man vom 1701 Meter hohen Buchstein (kleines Bild).

Es gibt viele gute Gründe, in München leben zu wollen. Einer der besten ist das Mangfallgebirge, das gerade einmal eine Autostunde von der bayerischen Landeshauptstadt entfernt liegt. Mit dem Sudelfeld und dem Spitzingsee liegen hier zwei der besten Skigebiete Bayerns so nah, dass sich sogar eine Halbtageskarte für den Lift rentiert. Da ist es kein Wunder, dass sich das Mangfallgebirge mit einigem Recht als Wiege des deutschen Wintersports rühmen kann. Denn schon 1888 rutschte der Buchhändler August Finsterlin mit monumentalen, drei Meter langen Latten aus Finnland die Hänge rund um den Spitzingsee hinunter. Vierzehn Jahre später gründete der umtriebige Pionier den »Akademischen Schneeschuhverein München«, in dem sich ambitionierte Wintersportler sammelten und gemeinsam mit der Eisenbahn von München zum Schliersee fuhren. Der schönste Aussichtsgipfel des Mangfallgebirges für Wanderer ist wahrscheinlich der Wendelstein, in dessen Kirchlein man sich sogar das Jawort geben kann. Dass man dem Himmel dabei näher kommt als anderswo, kann ja bei so einem Anlass bestimmt nicht schaden.

CHIEMGAUER ALPEN

Die Gipfel sind nicht so hoch, die Seen nicht besonders tief und die Landschaften eher lieblich denn dramatisch. Trotzdem oder gerade deshalb sind die Chiemgauer Alpen der Idealtypus einer bayerischen Bergwelt.

Die Chiemgauer Alpen sind das Traum- und Urbild, das sich alle Preußen von Bayern machen. Genauso, wie sie sich das Land der Lederhosen und Almwiesen immer vorgestellt haben, sieht diese Region auch aus. Feuerrot sind die Geranien, die auf den Balkonen uralter Bauernhöfe wuchern, sattgrün die Wiesen, auf denen die Kühe weiden, silbergrau die Berge, die sich fast 2000 Meter hoch unter einem strahlend blauen Himmel auftürmen. Die ganze Landschaft sieht aus wie die Kulisse eines Heimatfilms, passend dazu werden in den Andenkenläden rustikale Souvenirs verkauft, damit sich jeder, der nicht bleiben kann, zumindest ein Stück vom Glück mitnehmen kann.

Berühmtester Berg, der zu den Klassikern der Bergtourensammlung gehört, ist die Kampenwand. Mit Größe protzt dieser Gipfel durch sein Kreuz, es ist das größte in Bayerns Bergen.

Schon im 19. Jahrhundert begriffen die Chiemgauer, welchen Schatz sie hüteten, gründeten »Verschönerungsvereine« und verteilten Touristenprospekte, in denen sie die Reize ihrer Heimat mit einer solchen Begeisterung schilderten, dass es allen Preußen warm ums Herz wurde. In einer Broschüre von 1865 etwa hieß es: »Staunende Felsen und mächtiger Hochwald, liebliche Täler und felsige Schluchten, grünende Matten mit reizvoll gelegenen Berghäusern, kristallklar rieselnde Wasser und still träumende Bergseen vereinigen sich zu einem Bilde von großartigster und zugleich anmutiger Schönheit.« Das gilt für die Chiemgauer Landschaft bis heute.

CHIEMSEE

Der größte See Bayerns und der drittgrößte Deutschlands nach Bodensee und Müritz: Eine Fläche von 80 Quadratkilometern bedeckt der Chiemsee, der einst von den Gletschern der Alpen geformt wurde.

Dieser See übt eine ganz besondere Anziehungskraft aus, einen Reiz, dem nicht nur Abertausende von Tagesausflüglern aus München und Umgebung Jahr für Jahr erliegen. Sie kommen als Wanderer, Radfahrer, Segler oder einfach nur, um am Ufer still den See zu betrachten. Schon lange vor ihnen hat der Chiemsee Künstler angezogen. Sie malten den See als friedliches Idyll oder als sturmgepeitschtes Binnenmeer, besangen seine Buchen, Birken, Kastanien und tausendjährigen Linden oder zogen sich auf seine Inseln zurück, um in aller Ruhe zu schreiben. Ludwig Ganghofer und Ludwig Thoma haben das getan, Erich Kästner verfasste beim Lindenwirt auf der Fraueninsel sein »Doppeltes Lottchen«. Auch die Frankfurter Schriftstellerin Eva Demski, eine gebürtige Bayerin, ist immer wieder an den Chiemsee gekommen, um seinen Bann zu ergründen: »Was zieht einen hier an, was zieht einen immer wieder hierher«, fragte sie, um sich selbst die Antwort zu geben: »Vielleicht ist es die Selbstgewissheit und der Eindruck von Unzerstörbarkeit, den das Grün, das Wasser und die Berge auslösen.« Man ist sehr geneigt, ihr recht zu geben.

Für die einen ist es der oberbayerische Chiemsee, für die anderen das »Bayerische Meer«. Für letztere Ansicht spricht nicht nur dieses Bild, denn der Hauptanlegeplatz für Schiffe heißt »Übersee«.

HERRENCHIEMSEE

Ein Versailles mitten in Oberbayern: Das war der Traum von König Ludwig II. Auf der Insel Herrenchiemsee verwirklichte er ihn – und trieb sich dadurch selbst in den Ruin und in den Wahnsinn.

So überwältigend wie beim großen Vorbild Versailles sollte alles sein. In dem 98 Meter langen Spiegelsaal zeigte sich unter anderem der Hang zum Größenwahn: Aus einem König wurden Hunderte.

»Ein ewig Rätsel bleiben will ich mir und den anderen.« Das war das Lebensmotto von König Ludwig II. von Bayern, und nirgendwo sonst hat er es so radikal befolgt wie in seinem Schloss auf der Insel Herrenchiemsee. Warum wollte der Märchenkönig hier, in der bayerischen Provinz, eine exakte Kopie von Schloss Versailles errichten? Ende des aufgeklärten 19. Jahrhunderts verhielt er sich

wie ein absolutistischer Monarch und ruinierte seine Finanzen für ein wahnwitziges Traumschloss, das er gerade einmal zehn Tage lang bewohnte. All diese Fragen gehen einem durch den Kopf, wenn man auf der größten Insel des Chiemsees durch den Stein gewordenen Größenwahn Ludwigs wandert. Herrenchiemsee ist tatsächlich ein bayerisches Versailles geworden, ein Rausch aus Gold und Silber und Spiegelgalerien, eine Verschwendungsorgie ungeheuren Ausmaßes. Allein sein Schlafzimmer kostete den Märchenkönig die wahrhaft märchenhafte Summe von 384 000 Gulden. Wenn man heute die glücklichen Massen sieht, die Herrenchiemsee besuchen, sollte man nicht mehr alles hinterfragen, es ist ein einzigartiger Ort zum Staunen.

BERCHTESGADENER LAND

Majestätisch und gleichsam idyllisch liegen die bayerischen Alpen im Berchtesgadener Land. Der Hintersee am Fuße des Hochkalters entstand durch einen Felssturz nach der Eiszeit, der einen Bach staute.

Das Feriendorf Ramsau ist ein idealer Ausgangspunkt für Wandertouren und Ausflüge ins Berchtesgadener Land, ist es doch nahezu vollständig von Bergen umgeben. Unten: der legendäre Watzmanngipfel.

Es war einmal ein König, dessen Grausamkeit und Gnadenlosigkeit keine Grenzen kannte. Watzmann hieß dieser Wüterich, der schon aus den Brüsten seiner Mutter Blut getrunken hatte und dem jede Barmherzigkeit fremd war. Gemeinsam mit seiner Frau und seinen Kindern, die ihm an Bösartigkeit in nichts nachstanden, tyrannisierte er sein Land. Eines Tages ging der König mit seiner

Meute auf die Jagd und stieß dabei auf eine unschuldige Hirtenfamilie. Sofort stürzten sich die Hunde auf Vater, Mutter und Kind und zerfleischten sie. Der Watzmann sah das Blutbad und lachte nur höhnisch. Doch da war Gottes Geduld am Ende. Er sandte den Geist der Rache aus, der in die Hunde des Königs fuhr, und nun töteten diese den Watzmann selbst samt seiner Frau und seinen Kindern. Und als ewige Mahnung wider die Grausamkeit ließ der Schöpfer den Watzmann und seine Familie zu steinernen Gipfeln erstarren. Noch heute sehen wir sie mit Schaudern als Watzmannmassiv im Herzen des Nationalparks Berchtesgadener Land: die Mittelspitze, die der böse König ist, rechts daneben die Watzmannfrau und links davon die fünf Watzmannkinder.

Großer und Kleiner Barmstein sind zwei Felsnadeln, die die Grenze zwischen Salzburger Land und Berchtesgadener Land auf malerische wie unauffällige Weise markieren.

Nationalpark Berchtesgaden: himmelsstürmende Gipfel, höllentiefe Schluchten wie die Wimbachklamm (großes Bild), viel Platz für Tiere wie Steinböcke und lauschige Seen wie den Bodensee (unten).

Schon früh erkannten Naturschützer das Geschenk, das eine gütige Schöpfung den Berchtesgadenern vor der Haustür hinterlassen hatte: Bereits im Jahr 1910 erreichten sie, dass das Gebiet um den Königssee als »Pflanzenschongebiet« ausgewiesen wurde, zwölf Jahre später als Naturschutzgebiet. Immer wieder verhinderten sie erfolgreich Eingriffe in dieses zauberhafte

Naturparadies – zuletzt 1978, als die Marktgemeinde Berchtesgaden eine Seilbahn zum Gipfel des Watzmanns bauen wollte. Seither gehört der 210 Quadratkilometer große Süden des Berchtesgadener Landes zum ersten und bislang einzigen Nationalpark in den deutschen Alpen – und seit 1990 zum von der UNESCO ausgewiesenen Biosphärenreservat Berchtesgaden. Hier leben auch Steinadler, Gämsen, Murmeltiere oder gefährdete Arten wie die Ringelnatter und der Feuersalamander. Neben dem Naturschutz betreibt die Verwaltung des Nationalparks auch Forschung, die der Flora und Fauna zugutekommt – sowie letztlich auch den Menschen, die jeden Sommer hierher strömen. Es geht um den rücksichtsvollen Umgang mit der Natur.

REGISTER

Abkürzungen:

A Alamy
C Corbis
G Getty
L Laif
M Mauritius

Cover: Getty/asiafoto (Cochem)

S. 2/3 H. & D. Zielske, S. 4 G/Ulf Boettcher, S. 5 Look/Olaf Jainz, S. 6 Look/Brigitte Merz, S. 7 H. & D. Zielske, S. 8 H. & D. Zielske, S. 9 H. & D. Zielske, S. 10 H. & D. Zielske, S. 11 G/Piotr Jaczewski, S. 12/13 C/Peter Adams, S. 14/15 G/Michael Utech, S. 16/17 C/Harald Nachtmann, S. 18 M/Martin Siepmann, S. 19 G/Frank Rothe, S. 20 H. & D. Zielske, S. 21 H. & D. Zielske, S. 22/23 A/Premium Stock, S. 24 G/Falk Herrmann, S. 24 Look/Ulf Böttcher, S. 25 C/Bas van den Boogaard, S. 26 C/Sven Hagolani, S. 27 G/Jorg Greuel, S. 27 Look/Heinz Wohner, S. 27 G/Sabine Lubenow, S. 27 Look/Heinz Wohner, S. 27 Look/Konrad Wothe, S. 27 Look/Sabine Lubenow, S. 28 M/Ingo Boelter, S. 28 Look/Heinz Wohner, S. 28 G/Heinz Wohner, S. 29 M/Sabine Lubenow, S. 29 G/Sabine Lubenow, S. 29 M/Ingo Boelter, S. 29 M/Norbert Rosing, S. 29 M/Sabine Lubenow, S. 30 G/Manuel Gutjahr, S. 30 Look/Ulf Boettcher, S. 30 Look/Sabine Lubenow, S. 30 Look/Heinz Wohner, S. 30 Look/Heinz Wohner, S. 30 Look/Sabine Lubenow, S. 31 Look/Thomas Grundner, S. 32 M/Wolfgang Diederich, S. 33 M/Peter Schickert, S. 33 Look/Heinz Wohner, S. 34 H. & D. Zielske, S. 34 H. & D. Zielske, S. 34 H. & D. Zielske, S. 34 H. & D. Zielske, S. 35 H. & D. Zielske, S. 35 H. & D. Zielske, S. 36 M/Peter Lehner, S. 36 M/Peter Lehner, S. 37 M/Peter Lehner, S. 38 Look/Heinz Wohner, S. 39 H. & D. Zielske, S. 39 H. & D. Zielske, S. 39 H. & D. Zielske, S. 39 H. & D. Zielske, S. 39 M/Torsten Krüger, S. 39 Look/Konrad Wothe, S. 40 Look/Arnt Haug, S. 40 Look/Heinz Wohner, S. 41 M/Justus de Cuveland, S. 41 M/Thomas Ebelt, S. 42 M/Friedrichsmeier, S. 43 H. & D. Zielske, S. 44 A/Blickwinkel, S. 45 M/Christian Ohde, S. 45 Look/Engel & Gielen, S. 45 H. & D. Zielske, S. 45 L/Hans Madej, S. 45 M/Thomas Robbin, S. 45 M/Christian Ohde, S. 46 L/Joerg Modrow, S. 47 L/Dagmar Schwelle, S. 47 L/Joerg Modrow, S. 47 L/Achim Multhaupt, S. 47 M/Alamy, S. 47 L/Gerald Hänel, S. 47 C/Jon Hicks, S. 48/49 L/Ralf Brunner, S. 50 H. & D. Zielske, S. 51 L/Joerg Modrow, S. 51 M/Ingo Boelter, S. 51 M/Alamy, S. 51 Look/Engel & Gielen, S. 51 L/Samuel Zuder, S. 51 M/Christian Ohde, S. 52/53 C/Michele Falzone, S. 54 C/Carsten Leuzinger, S. 54 M/Axel Schmies, S. 55 G/Sayuri Limited, S. 55 H. & D. Zielske, S. 56 H. & D. Zielske, S. 57 H. & D. Zielske, S. 58 M/J.W.Alker, S. 58 Look/age, S. 59 H. & D. Zielske, S. 59 M/Kurt Amthor, S. 60 Look/Olaf Jainz, S. 60 Look/Olaf Jainz, S. 61 Look/Olaf Jainz, S. 62 M/Justus de Cuveland, S. 63 Look/Sabine Lubenow, S. 63 Look/age, S. 64 Look/Heinz Wohner, S. 64 M/Steffen Beuthan, S. 65 M/United Archives, S. 66 Look/Ulf Böttcher, S. 66 M/Christian Bäck, S. 66 M/Christian Bäck, S. 66 Look/Sabine Lubenow, S. 67 M/Christian Bäck, S. 68 Look/Ulf Böttcher, S. 69 M/Thomas Frey, S. 70 H. & D. Zielske, S. 70 H. & D. Zielske, S. 71 G/Juergen Sack, S. 71 A/Kuttig - Travel, S. 72 Look/Torsten Andreas Hoffmann, S. 72 Look/Torsten Andreas Hoffmann, S. 72 M/Chris Seba, S. 73 H. & D. Zielske, S. 74 L/Gerhard Westrich, S. 75 M/Justus de Cuveland, S. 76 H. & D. Zielske, S. 76 M/Hiroshi Higuchi, S. 76 Look/Michael Zegers, S. 76 Look/age, S. 76 H. & D. Zielske, S. 76 M/Klaus Rein, S. 77 H. & D. Zielske, S. 78 H. & D. Zielske, S. 78 L/Gerald Haenel, S. 78 L/Gerhard Westrich, S. 79 M/Urs Schweitzer, S. 79 M/Urs Schweitzer, S. 79 M/Urs Schweitzer, S. 79 M/Urs Schweitzer, S. 80/81 L/Gerald Haenel, S. 82 M/H.-D. Falkenstein, S. 83 H. & D. Zielske, S. 84 H. & D. Zielske, S. 84 H. & D. Zielske, S. 85 H. & D. Zielske, S. 86 H. & D. Zielske, S. 87 M/W. Korall, S. 88 C/Meier, S. 88 Look/Heinz Wohner, S. 89 Look/Heinz Wohner, S. 90 Look/Heinz Wohner, S. 91 Look/Karl Johaentges, S. 91 H. & D. Zielske, S. 91 Look/Karl Johaentges, S. 91 Look/Ernst Wrba, S. 91 Look/Ernst Wrba, S. 91 M/Bahnmueller, S. 92 Look/Heinz Wohner, S. 93 Look/Karl Johaentges, S. 93 Look/Heinz Wohner, S. 93 Look/Ernst Wrba, S. 93 Look/Karl Johaentges, S. 93 L/Tobias Gerber, S. 93 Look/Heinz Wohner, S. 94 Look/Heinz Wohner, S. 94 Look/Heinz Wohner, S. 94 Look/Heinz Wohner, S. 94 Look/Heinz Wohner, S. 95 H. & D. Zielske, S. 95 Look/Ernst Wrba, S. 95 H. & D. Zielske, S. 96 Look/Heinz Wohner, S. 97 H. & D. Zielske, S. 98 H. & D. Zielske, S. 99 H. & D. Zielske, S. 100 A/Imagebroker, S. 100 A/Urbanmyth, S. 100 A/Iain Masterton, S. 101 H. & D. Zielske, S. 101 M/Alamy, S. 101 L/Peter Hirth, S. 102 H. & D. Zielske, S. 102 M/fotosol, S. 103 L/Berthold Steinhilber, S. 104 H. & D. Zielske, S. 105 M/Alamy, S. 105 M/Alamy, S. 105 H. & D. Zielske, S. 106/107 A/Lothar Steiner, S. 108 M/Jörn Friederich, S. 108 M/Alamy, S. 108 A/Imagebroker, S. 109 M/Hans Zaglitsch, S. 109 C/Sabine Lubenow, S. 110 Look/Heinz Wohner, S. 110 M/Sabine Lubenow, S. 111 H. & D. Zielske, S. 111 A/Imagebroker, S. 112 Look/Heinz Wohner, S. 113 L/Sophie Henkelmann, S. 113 G/Andreas Jäkel, S. 113 Look/Konrad Wothe, S. 113 L/Clemens Zahn, S. 114 G/Kristian Goretzki, S. 115 C/Sabine Lubenow, S. 116 Look/Konrad Wothe, S. 117 M/Andreas Jäkel, S. 118 C/Nico Stengert, S. 119 G/Slow Images, S. 119 L/Gerhard Westrich, S. 120 M/Lothar Steiner, S. 121 C/Cornelius Paas, S. 122 C/Dietmar Nill, S. 122 C/Jaap Hoogenboom, S. 122 Look/Günther Bayerl, S. 122 Look/Günther Bayerl, S. 122 C/Willi Rolfes, S. 122 M/Andreas Vitting, S. 123 C/Dietmar Nill, S. 123 M/Norbert Rosing, S. 123 C/Do Van Dijck, S. 124/125 A/Julie g Woodhouse, S. 126 L/Martin Kirchner, S. 126 M/Andreas Vitting, S. 126 M/Michael Krabs, S. 126 L/Martin Kirchner, S. 126 M/United Archives, S. 126 L/Martin Kirchner, S. 127 H. & D. Zielske, S. 127 H. & D. Zielske, S. 127 H. & D. Zielske, S. 128/129 M/Catharina Lux, S. 130 M/Lothar Steiner, S. 130 H. & D. Zielske, S. 131 M/Lothar Steiner, S. 131 M/Lothar Steiner, S. 132 Look/Ulf Böttcher, S. 133 H. & D. Zielske, S. 133 Look/Ulf Böttcher, S. 133 Look/Ulf Böttcher, S. 133 M/Karl F. Schöfmann, S. 133 M/Thomas Robbin, S. 133 M/Alamy, S. 134 C/Philip Gould, S. 135 H. & D. Zielske, S. 136 Look/Ulf Böttcher, S. 136 Look/Konrad Wothe, S. 137 Look/Hauke Dressler, S. 138/139 C/Jon Hicks, S. 140 G/Siegfried Layda, S. 140 C/Murat Taner, S. 141 C/Gerd Ludwig, S. 142/143 G/Fhm, S. 144 C/Wilfried Krecichwost, S. 145 C/Fabrizio Bensch, S. 145 L/Pierre Adenis, S. 145 M/Alamy, S. 145 L/Jan-Peter Boening, S. 146 Look/Torsten Andreas Hoffmann, S. 146 C/Jon Hicks, S. 147 L/Fritz Engel, S. 147 L/Hans-Christian Plambeck, S. 147 Look/Joris van Velzen, S. 148 L/Amin Akhtar, S. 148 C/Hulton-Deutsch, S. 148 L/Hans-Christian Plambeck, S. 148 C/Bettmann, S. 148 C/Bettmann, S. 149 H. & D. Zielske, S. 149 G/Sean Gallup, S. 150 G/Siegfried Layda, S. 150 G/Allan Baxter, S. 151 G/Gavin Hellier, S. 152 A/Iain Masterton, S. 152 M/Torsten Elger, S. 153 H. & D. Zielske, S. 153 Look/Ulf Böttcher, S. 153 M/Imagebroker, S. 153 M/Imagebroker, S. 153 M/Imagebroker, S. 154 G/Peter Adams, S. 154 C/Julie Woodhouse, S. 155 H. & D. Zielske, S. 155 H. & D. Zielske, S. 156/157 G/Murat Taner, S. 158 H. & D. Zielske, S. 159 Look/Heinz Wohner, S. 159 Look/Heinz Wohner, S. 159 Look/Heinz Wohner, S. 159 Look/Heinz Wohner, S. 159 Look/Heinz Wohner, S. 160 G/Maarten Takens, S. 161 G/Michael Utech, S. 162 Look/age, S. 162 H. & D. Zielske, S. 162 H. & D. Zielske, S. 162 H. & D. Zielske, S. 162 H. & D. Zielske, S. 162 M/Uwe Kraft, S. 163 Look/Heinz Wohner, S. 164 M/Joachim Jockschat, S. 165 C/Claudius, S. 165 G/Ritterbach, S. 165 M/Manfred Mehlig, S. 165 Look/Heinz Wohner, S. 165 Look/Heinz Wohner, S. 165 Look/TerraVista, S. 166 A/Imagebroker, S. 166 G/Michael Utech, S. 167 G/F1online, S. 168 Look/Heinz Wohner, S. 169 Look/Heinz Wohner, S. 169 Look/Sabine Lubenow, S. 169 Look/Michael Zegers, S. 169 Look/Sabine Lubenow, S. 169 Look/Sabine Lubenow, S. 169 Look/Frank van Groen, S. 170/171 C/Michele Falzone, S. 172 Look/Sabine Lubenow, S. 172 G/Travel Photographer, S. 172 Look/Sabine Lubenow, S. 173 M/age, S. 174 H. & D. Zielske, S. 174 G/Horacio Villalobos, S. 174 M/Alamy, S. 175 Look/age, S. 175 L/Gernot Huber, S. 175 A/Stefano Paterna, S. 176 H. & D. Zielske, S. 176 H. & D. Zielske, S. 177 L/Daniel Pilar, S. 177 Look/Arnt Haug, S. 177 Look/age, S. 177 C/Svenja-Foto, S. 177 A/Imagebroker, S. 177 G/Murat Taner, S. 177 Look/age, S. 177 G/KFS, S. 178 M/FHR, S. 179 L/Thomas Ernsting, S. 180 H. & D. Zielske, S. 181 L/Manfred Linke, S. 181 H. & D. Zielske, S. 181 H. & D. Zielske, S. 181 H. & D. Zielske, S. 181 Look/Daniel Schoenen, S. 181 L/Gernot Huber, S. 182 M/Alamy, S. 182 M/Anton Luhr, S. 183 M/Friedhelm Adam, S. 183 M/Friedhelm Adam, S. 183 M/Friedhelm Adam, S. 183 M/Friedhelm Adam, S. 183 M/Friedhelm Adam, S. 183 Look/Heinz Wohner, S. 183 M/Friedhelm Adam, S. 184 Look/Brigitte Merz, S. 184 Look/Karl Johaentges, S. 184 Look/Heinz Wohner, S. 184 Look/Brigitte Merz, S. 185 M/Heinz-Dieter Falkenstein, S. 185 G/Andre Distel, S. 186 G/Hans Georg Eiben, S. 186 M/Chris Seba, S. 187 Look/Brigitte Merz, S. 188 Look/age, S. 189 M/Manfred Bail, S. 189 Look/Brigitte Merz, S. 189 L/Jan-Peter Boening, S. 189 Look/age, S. 189 H. & D. Zielske, S. 189 M/Karl F. Schöfmann, S. 190 H. & D. Zielske, S. 191 H. & D. Zielske, S. 192 G/Stephan Rudolph, S. 192 M/Jeff O'Brien, S. 192 H. & D. Zielske, S. 193 Look/Heinz Wohner, S. 193 Look/Brigitte Merz, S. 194 H. & D. Zielske, S. 194 H. & D. Zielske, S. 194 H. & D. Zielske, S. 195 Look/Florian Werner, S. 195 L/Hardy Mueller, S. 196 C/Top Photo Corporation, S. 197 C/Top Photo Corporation, S. 198 Look/Brigitte Merz, S. 199 L/Gerhard Westrich, S. 200 M/Alamy, S. 200 M/Alamy, S. 200 M/Alamy, S. 200 M/Alamy, S. 200 M/Alamy, S. 200 Look/Holger Leue, S. 200 M/Alamy, S. 201 M/Alamy, S. 201 M/Lukas Schwab, S. 201 M/Alamy, S. 201 M/Alex Hyde, S. 201 M/David und Micha Sheldon, S. 202 H. & D. Zielske, S. 202 Look/Heinz Wohner, S. 202 Look/Heinz Wohner, S. 202 Look/Heinz Wohner, S. 202 Look/Heinz Wohner, S. 202 Look/Heinz Wohner, S. 203 H. & D. Zielske, S. 204 L/Heiko Meyer, S. 204 L/Stefan Thomas Kroeger, S. 204 L/Andreas Meichsner, S. 204 L/Andreas Meichsner, S. 205 L/Clemens Emmler, S. 206 H. & D. Zielske, S. 206 H. & D. Zielske, S. 207 C/Martin Siepmann, S. 207 L/Joerg Modrow, S. 208 H. & D. Zielske, S. 209 M/J.W.Alker, S. 210 C/Sandra Raccanello, S. 211 H. & D. Zielske, S. 212 Look/age, S. 213 G/Raimund Koch, S. 214 H. & D. Zielske, S. 215 H. & D. Zielske, S. 215 H. & D. Zielske, S. 215 H. & D. Zielske, S. 215 H. & D. Zielske, S. 215 H. & D. Zielske, S. 215 Look/H. Leue, S. 216 Look/Michael Zegers, S. 216 Look/Heinz Wohner, S. 216 Look/Sabine Lubenow, S. 216 G/Westend61, S. 216 Look/Sabine Lubenow, S. 217 Look/Heinz Wohner, S. 217 Look/Heinz Wohner, S. 218 H. & D. Zielske, S. 218 H. & D. Zielske, S. 218 H. & D. Zielske, S. 219 A/Imagebroker, S. 219 H. & D. Zielske, S. 219 M/Caroline Kreutzer, S. 220 G/Martin Ruegner, S. 220 M/David und Micha Sheldon, S. 220 M/Radius Images, S. 220 G/Cornelia Doerr, S. 220 M/David und Micha Sheldon, S. 221 G/Westend61, S. 221 M/Sabine Lubenow, S. 222 G/elxeneize, S. 223 Look/Thomas Staniewicz, S. 224 Look/Heinz Wohner, S. 225 M/Helmut Hess, S. 226 H. & D. Zielske, S. 227 G/Hiroshi Higuchi, S. 227 G/Westend61, S. 228 M/Hwo, S. 228 H. & D. Zielske, S. 228 H. & D. Zielske, S. 229 H. & D. Zielske, S. 230 Look/Roetting/Pollex, S. 231 G/Mlenny, S. 231 Look/age, S. 232 Look/Ulf Boettcher, S. 232 H. & D. Zielske, S. 232 C/George Hammerstein, S. 232 Look/Jürgen Stumpe, S. 232 Look/age, S. 232 H. & D. Zielske, S. 233 H. & D. Zielske, S. 234 H. & D. Zielske, S. 235 H. & D. Zielske, S. 235 H. & D. Zielske, S. 235 Look/age, S. 235 H. & D. Zielske, S. 235 H. & D. Zielske, S. 236/237 G/Michele Falzone, S. 238 H. & D. Zielske, S. 239 H. & D. Zielske, S. 240 H. & D. Zielske, S. 241 H. & D. Zielske, S. 242 H. & D. Zielske, S. 243 H. & D. Zielske, S. 243 H. & D. Zielske, S. 244 M/Andreas Vitting, S. 245 M/Ernst Wrba, S. 246/247 G/Michele Falzone, S. 248 Look/Heinz Wohner, S. 249 H. & D. Zielske, S. 249 H. & D. Zielske, S. 250 Look/age, S. 250 H. & D. Zielske, S. 251 C/Thomas Marent, S. 251 M/Imagebroker, S. 251 G/Danita Delimont, S. 251 C/Picture Hooked, S. 251 C/FotoFealing, S. 251 C/Cisca Castelijns, S. 251 C/Staffan Widstrand, S. 252/253 M/Stefan Arendt, S. 254 Look/age, S. 254 Look/age, S. 254 M/Markus Lange, S. 255 M/Markus Lange, S. 256 Look/Heinz Wohner, S. 257 M/Imagebroker, S. 258 A/Peter Schickert, S. 258 M/Chris Seba, S. 259 C/Jose Fuste Raga, S. 259 M/Alamy, S. 259 G/Blaine Harrington III, S. 260 Look/Daniel Schoenen, S. 260 L/Ralf Brunner, S. 260 Look/age, S. 261 Look/Brigitte Merz, S. 261 Look/Heinz Wohner, S. 262 M/Daniel Schoenen, S. 262 G/Werner Dieterich, S. 262 M/Silwen Randebrock, S. 263 M/Markus Keller, S. 263 M/Michael Weber, S. 263 H. & D. Zielske, S. 263 Look/Sabine Lubenow, S. 263 M/Michael Weber, S. 264 M/Markus Lange, S. 265 Look/Ingolf Pompe, S. 265 Look/Heinz Wohner, S. 265 Look/Heinz Wohner, S. 265 Look/age, S. 265 M/Daniel Schoenen, S. 265 Look/Ralf Greiner, S. 266 G/Panoramic Images, S. 266 M/Andreas Vitting, S. 267 Look/Brigitte Merz, S. 267 Look/Daniel Schoenen, S. 267 Look/Brigitte Merz, S. 267 Look/Brigitte Merz, S. 268 A/Vladimir Khirman, S. 269 L/Dorothea Schmid, S. 269 L/Dorothea Schmid, S. 269 L/Dorothea Schmid, S. 269 L/Dorothea Schmid, S. 270 Look/Ingolf Pompe, S. 271 Look/Ingolf Pompe, S. 271 Look/age, S. 271 H. & D. Zielske, S. 271 H. & D. Zielske, S. 271 Look/Ingolf Pompe, S. 271 H. & D. Zielske, S. 272 H. & D. Zielske, S. 273 H. & D. Zielske, S. 274 Look/Guenther Bayerl, S. 274 Look/Guenther Bayerl, S. 274 Look/Guenther Bayerl, S. 275 Look/Quadriga Images, S. 275 Look/Quadriga Images, S. 275 Look/Quadriga Images, S. 276 Look/Ingolf Pompe, S. 276 H. & D. Zielske, S. 277 Look/Michael Boyny, S. 278 Look/Guenter Bayerl, S. 278 Look/Ingolf Pompe, S. 278 Look/Heinz Wohner, S. 278 Look/age, S. 278 Look/Heinz Wohner, S. 278 M/Alamy, S. 279 M/Bernd Zoller, S. 279 M/Markus Keller, S. 279 M/Bernd Zoller, S. 279 C/Peter Entwistle, S. 279 G/Joke Stuurman, S. 280 A/Michael Schellinger, S. 280 M/Michael Schellinger, S. 281 H. & D. Zielske, S. 281 Look/Wolfgang Ehn, S. 282 M/Markus Keller, S. 282 M/Markus Keller, S. 282 M/Hans-Peter Merten, S. 282 G/Hiroshi Higuchi, S. 283 Look/Heinz Wohner, S. 283 H. & D. Zielske, S. 284 H. & D. Zielske, S. 284 Look/Guenter Bayerl, S. 285 Look/Günther Bayerl, S. 286 H. & D. Zielske, S. 287 M/Markus Keller, S. 287 M/Markus Keller, S. 287 M/Michael Weber, S. 287 M/Martin Siepmann, S. 287 M/Martin Siepmann, S. 287 M/Egon Bömsch, S. 287 M/Michael Weber, S. 288 M/Michael Mucha, S. 289 M/Bernd Zoller, S. 289 C/Raimund Linke, S. 289 M/Willi Rolfes, S. 289 Look/Heinz Wohner, S. 289 M/Alamy, S. 290 Look/Heinz Wohner, S. 291 Look/Thomas Stankiewicz, S. 291 Look/Heinz Wohner, S. 291 Look/Heinz Wohner, S. 291 Look/Heinz Wohner, S. 292 Look/Heinz Wohner, S. 292 C/Jim Zuckerman, S. 293 Look/Andreas Strauß, S. 294/295 Look/Andreas Strauß, S. 296 L/Markus Kirchgessner, S. 296 G/Westend61, S. 296 Look/Heinz Wohner, S. 296 M/Martin Siepmann, S. 296 M/Siepmann, S. 297 L/Berthold Steinhilber, S. 298 M/Helmut Meyer zur Capellen, S. 298 M/Christian Bäck, S. 298 Look/Franz Marc Frei, S. 299 H. & D. Zielske, S. 299 G/Walter Schiesswohl, S. 299 M/Urs Schweitzer, S. 299 H. & D. Zielske, S. 300 L/Dorothea Schmid, S. 300 C/Franz-Marc Frei, S. 301 M/Bahnmueller, S. 302 M/Siepmann, S. 302 M/Christian Bäck, S. 303 H. & D. Zielske, S. 304 M/Martin Siepmann, S. 304 G/DEA PICTURE LIBRARY, S. 304 G/A. Dagli Orti, S. 305 H. & D. Zielske, S. 306 M/Martin Siepmann, S. 306 Look/Heinz Wohner, S. 307 Look/age, S. 307 M/Martin Siepmann, S. 307 M/Martin Siepmann, S. 307 M/Martin Siepmann, S. 307 M/Robert Knöll, S. 308 C/Martin Siepmann, S. 309 L/Tobias Gerber, S. 309 L/Tobias Gerber, S. 309 M/Raimund Kutter, S. 309 C/Franz-Marc Frei, S. 309 M/Norbert Probst, S. 309 M/Martin Siepmann, S. 310 G/Habub3, S. 311 C/Franz-Marc Frei, S. 312 A/Sabena Jane Blackbird, S. 312 C/Ingo Arndt, S. 312 Look/Heinz Wohner, S. 312 G/John Cancalosi, S. 312 C/Martin Siepmann, S. 313 M/Udo Siebig, S. 313 M/Martin Moxter, S. 314 Look/Thomas Stankiewicz, S. 314 G/Tu xa Ha Noi, S. 315 Look/age, S. 316 H. & D. Zielske, S. 317 L/Tobias Gerber, S. 317 M/Ernst Wrba, S. 317 G/Danita Delimont, S. 317 C/Martin Siepmann, S. 317 L/Tobias Gerber, S. 318 M/P. Widmann, S. 318 Look/Heinz Wohner, S. 319 L/Babovic, S. 319 H. & D. Zielske, S. 319 M/Westend61, S. 320 M/United Archives, S. 320 A/Martin Moxter, S. 321 H. & D. Zielske, S. 321 Look/Heinz Wohner, S. 321 H. & D. Zielske, S. 322 G/Frank Rothe, S. 322 C/Fotofeeling, S. 322 C/Christina Krutz, S. 323 C/Francesc Muntada, S. 323 G/Konrad Wothe, S. 323 M/Ottfried Schreiter, S. 323 M/David & Micha Sheldon, S. 323 Look/age, S. 324 C/Grand Tour Collection, S. 325 M/Siepmann, S. 325 M/Siepmann, S. 325 M/Siepmann, S. 326 Look/Quadriga Images, S. 326 M/Egon Bömsch, S. 327 M/Egon Bömsch, S. 328 M/Martin Siepmann, S. 328 M/Martin Siepmann, S. 329 M/Martin Siepmann, S. 330 M/Markus Keller, S. 330 M/Markus Keller, S. 330 Look/Heinz Wohner, S. 331 M/Photononstop, S. 332 M/Bernard, S. 332 L/Gerald Haenel, S. 333 Look/Andreas Strauß, S. 334 G/Achim Thomae, S. 335 L/Naftali Hilger, S. 335 L/Naftali Hilger, S. 335 L/Naftali Hilger, S. 335 M/Alamy, S. 335 L/Naftali Hilger, S. 335 L/Naftali Hilger, S. 336 H. & D. Zielske, S. 337 H. & D. Zielske, S. 338 G/Murat Taner, S. 339 M/Markus Lange, S. 339 G/Ingrid Firmhofer, S. 339 Look/age, S. 339 G/Murat Taner, S. 339 M/Alamy, S. 339 G/Altrendo Travel, S. 339 M/Bernd Römmelt, S. 340 A/Imagebroker, S. 340 A/Imagebroker, S. 340 Look/Walter Schmitz, S. 340 M/Alamy, S. 340 M/Alamy, S. 341 H. & D. Zielske, S. 342 M/Westend61, S. 342 Look/Franz Marc Frei, S. 343 C/Guido Cozzi, S. 343 Look/age, S. 343 M/View Pictures LTD, S. 343 Look/age, S. 343 M/Manfred Bail, S. 344 M/Manfred Bail, S. 344 H. & D. Zielske, S. 345 M/Alamy, S. 345 G/Altrendo Panoramic, S. 346 C/Murat Taner, S. 346 H. & D. Zielske, S. 347 Look/Thomas Streubel, S. 347 C/Grand Tour Collection, S. 347 G/Handout, S. 348 M/Alamy, S. 348 Look/Florian Werner, S. 348 M/Martin Moxter, S. 349 Look/Florian Werner, S. 350 Look/Florian Werner, S. 350 A/Imagebroker, S. 350 M/Helmut Meyer zur Capellen, S. 351 H. & D. Zielske, S. 351 Look/Florian Werner, S. 352 Look/Florian Werner, S. 352 Look/Florian Werner, S. 352 Look/Rainer Mirau, S. 353 M/Kevin Galvin, S. 353 M/Rudi Sebastian, S. 353 A/Kevin Galvin, S. 353 Look/Florian Werner, S. 353 M/Westend61, S. 354 M/Foto Beck, S. 354 M/Dr. Wilfried Bahnmüller, S. 355 M/Foto Beck, S. 355 M/Kurt Amthor, S. 355 M/Foto Beck, S. 355 M/Kurt Amthor, S. 355 M/Kurt Amthor, S. 355 M/Foto Beck, S. 356 M/Manfred Bail, S. 356 M/United Archives, S. 356 A/Werner Dieterich, S. 356 A/Images Etc Ltd, S. 357 M/United Archives, S. 357 M/United Archives, S. 357 Look/age, S. 357 H. & D. Zielske, S. 358 G/Wilfried Krecichwost, S. 359 A/Imagebroker, S. 360 G/Florian Werner, S. 362 G/Dennis Fischer, S. 362 C/Ocean, S. 363 G/Mos-Photography, S. 363 Look/Andreas Strauß, S. 365 Look/Florian Werner, S. 366 Look/Florian Werner, S. 367 Look/Florian Werner, S. 368 H. & D. Zielske, S. 369 Look/Ulli Seer, S. 369 C/Frédéric Soltan, S. 370 C/Martin Ruegner, S. 371 G/Andreas Strauss, S. 371 G/Rainer Mirau, S. 372 G/F Pritz, S. 373 Look/Thomas Stankiewicz, S. 373 C/Jochen Schlenker, S. 373 Look/Thomas Stankiewicz.

St.-Cajetan-Straße 41
81669 München
Tel. +49.89.45 80 20-0
Fax +49.89.45 80 20-21

www.kunth-verlag.de
info@kunth-verlag.de

Printed in Slovakia

Text: Jakob Strobel y Serra

Alle Fakten wurden nach bestem Wissen und Gewissen mit der größtmöglichen Sorgfalt recherchiert.
Redaktion und Verlag können jedoch für die absolute Richtigkeit und Vollständigkeit der Angaben keine Gewähr leisten. Der Verlag ist für alle Hinweise und Verbesserungsvorschläge jederzeit dankbar.